1 MONTH OF
FREE
READING

at

www.ForgottenBooks.com

By purchasing this book you are eligible for one month membership to ForgottenBooks.com, giving you unlimited access to our entire collection of over 1,000,000 titles via our web site and mobile apps.

To claim your free month visit: www.forgottenbooks.com/free673979

ISBN 978-0-656-92928-3
PIBN 10673979

Forgotten Books is a registered trademark of FB &c Ltd.
Copyright © 2018 FB &c Ltd.
FB &c Ltd, Dalton House, 60 Windsor Avenue, London, SW19 2RR.
Company number 08720141. Registered in England and Wales.

For support please visit www.forgottenbooks.com

THE LIBRARY
OF
THE UNIVERSITY
OF CALIFORNIA

Obstbaumzuc

von

Carl Ludwig Seitz.

In der Joseph Lindauer'schen Buchhandlung in München
sind folgende gemeinnützige Schriften erschienen, welche verdienen
hier bestens empfohlen zu werden:

Beiträge zur bildenden Gartenkunst,

für angehende Gartenkünstler und Gartenliebhaber von Friedr. Lud=
wig von Sckell, k. b. Hofgarten = Intendanten, und des Civ.
Verd. Ordens der baierischen Krone Ritter ꝛc. 1825. Zweite
vermehrte und verbesserte Auflage mit 8 Steinabdrücken und
dem Bildnisse des Verfassers in lithographirtem Umschlage
elegant brochirt. Preis 2 Rthl. 12 gr. oder 3 fl. 45 kr.

Wer immer Gelegenheit hatte, sich durch die erste Auflage die=
ses Werkes von dessen Brauchbarkeit und Vortrefflichkeit zu überzeu=
gen, wird um so mehr durch die Erscheinung einer zweiten Auflage,
welche durch den verdienstvollen Verfasser nicht allein verbessert, son=
dern auch mit vielen neuen Zusätzen bereichert wurde, freudig über=
rascht werden. Es ist hier nicht nöthig dem Publikum die Vor=
züge und den Nutzen dieses im Gartenfache so ausgezeichneten Wer=
kes neuerdings anzurühmen; der schnelle Absatz der ersten Auflage
wird hinlänglich die Ueberzeugung erregt haben, daß wir über die
allbeliebte, von Jahr zu Jahr mit der Civilisation des Volkes sich
mehr ausbreitende bildende Gartenkunst, noch kein Werk besitzen,
welches den praktischen Theil dieser Kunst mit so viel Wahrheit,
Deutlichkeit und Erfahrung behandelt. — Der Verfasser hatte das
seltene Glück, Gelegenheit zu erhalten, während eines Zeitraumes
von 40 Jahren sich stets mit Anlagen dieser Art im großen und
kleinen Style zu befassen; wenn also die in dem gegenwärtigen
Werke aufgestellten Grundsätze die Früchte dieser 40jährigen Er=
fahrung sind, so mag jeder selbst bemessen, in welchem Grade diese
wahr und richtig seyn mögen, um so mehr, wenn er Gelegenheit
gehabt hat, von Sckell's späteste Werke, die königlichen Lustgärten
um München zu sehen, um zugleich die hohe Stufe der künstleri=
schen Ausbildung, die er erreicht hatte, erkennen zu können. In
Betreff der zweiten Auflage dieses Werkes, führen wir nur noch
an, daß dieselbe, abgerechnet der durch den Verfasser geschehenen
Verbesserungen und gemachten neuen Zusätze, sich durch Korrektheit
des Drucks, Eleganz und Schönheit der beigefügten Steinzeichnun=
gen, wovon der Verfasser fast alle neu umzeichnen ließ, und durch
das wohlgetroffene Bildniß desselben vor der ersten sehr vortheilhaft
auszeichnet. —

Katechismus

der

Obstbaumzucht,

von

Carl Ludwig Seitz,

Königl. bayer. botanischem Gärtner, der Königl. bayer.
botanischen Gesellschaft zu Regensburg, und des Gartenbau-
Vereins in Preußen Mitgliede.

Mit 5 Kupfertafeln.

München, 1828.
Jos. Lindauersche Buchhandlung.
(C. T. F. Sauer.)

CÖRTI

Vorwort.

Bey der großen Anzahl der über Obstbaumzucht bereits erschienenen Schriften wird vielleicht dieses Werkchen in den Augen mancher Leser als überflüssig erscheinen. Allein viele von jenen Werken behandeln den Gegenstand zu theoretisch; andere stützen sich zwar auf praktische Erfahrungen, sind aber zu weitläufig; fast keines endlich nimmt Rücksicht auf Oertlichkeit. Diese Umstände, vorzüglich aber der Allerhöchste Aufruf vom 18ten August 1826, bewogen mich zur Herausgabe vorliegender Abhandlung, bey welcher ich meinerseits besonders das Hochland und die rauhen Gegenden Bayerns im Auge hatte, und durch welche ich andererseits den vielfachen noch herrschenden Vorurtheilen und den im Vaterlande so häufigen Mißgriffen entgegen zu treten bestrebt war.

Was die Form dieser Schrift betrifft, so schien mir gerade die gewählte am geeignetsten für den Unterricht des Landmannes in der Obstbaumzucht; und Jene, welche etwa Anstoß hieran nehmen möchten, verweise ich auf viele andere, auch in dieser Art abgefaßte, schätzbare Werke.

Mit der möglichsten Kürze suchte ich die nöthige Deutlichkeit zu verbinden, und ich nahm daher Alles auf, was ihr dienlich seyn konnte.

Erstes Kapitel.

Von der Obstbaumzucht im Allgemeinen, deren Vortheilen und Beförderung in Bayern.

Fr. Was versteht man unter Obstbaumzucht?

Ant. Unter Obstbaumzucht versteht man denjenigen Theil des Gartenbaues oder der Pflanzenkultur, welcher die zweckmäßige Erziehung, Vermehrung und Pflege solcher Bäume und Sträucher zum Gegenstand hat, die uns in ihren Früchten Nahrungsmittel, d. h. das Obst darbieten.

Fr. Welche Vortheile gewährt der Obstbau?

A. Der Obstbau ist eine Erwerbsquelle für den Bürger und Landmann, aus welcher er bedeutende Vortheile, von mancherley Art erzielen kann, deswegen erscheint er als ein höchstwichtiger Erwerbzweig in dem Lande, wo er vortheilhaft betrieben wird. Er liefert nicht nur eine Menge Erzeugnisse für den gewöhnlichen Verbrauch, sondern er bringt auch durch die Ausfuhr oder den Handel mit dem Auslande, dem Erzieher bedeutende Geldsummen zu; er greift dadurch weit ins bürgerliche Leben ein, daß er Stoffe zu fernerer Zugutemachung, wie zum Obstbranntweinbrennen liefert, (belebt somit die Thätigkeit auch solcher, die nicht selbst Obstbauer sind.)

1

Bey eintretenden Mißärndten oder Theuerung, gewährt der Obstbau dem Landmanne große Beyhülfe, nicht nur zur Erhaltung seiner Familie, sondern es geht ihm auch durch den Verkauf ein Stückchen Geld zu. Ganz besonders aber eröffnet er ihm, bey zu großer Wohlfeilheit der Felderzeugnisse eine neue Erwerbsquelle.

Fr. Welche Hindernisse stehen dem Obstbau in Bayern entgegen?

A. Die Haupthindernisse, die seither dem Obstbau in Bayern im Wege stehen, sind die Vorurtheile in Betreff der ungünstigen Einflüsse der hohen Lage und Klima's (*) von Bayern.

Es ist nicht zu läugnen, daß Bayerns hohe Lage und ganz vorzüglich die des Isar=, ein Theil des Oberdonau= Kreises und ein Theil der Gegend längs des Böhmerwaldes einen ungünstigen Einfluß auf die Obstbaumzucht übt, wozu der schnelle Wechsel der Witterung besonders viel beyträgt; allein wir finden doch fast allenthalben, selbst in den unfruchtbarsten Gegenden Bayerns, einzelne von unsern Vorältern gepflanzte Obstbäume, die ein gesundes Aussehen haben und Früchte tragen, uns also vom Gegentheile des obigen Vorurtheils überzeugen.

Man darf sich freylich das, was mildere südliche Gegenden in Betreff der Güte, Schönheit des Obstes bewirken, nicht von den gebirgigen Gegenden Bayerns erwarten.

Man pflanze deswegen in solche Gegenden keine Obstsorten, die den höchsten Grad von Vollkommenheit nur in warmen Ländern erreichen.

Es gibt ja unter den etwa 4000 bekannten Sorten noch eine große Menge edler Arten, worunter sogar viele sind, die Teutschland zu ihrem Vaterlande haben, also mit günstigem Erfolge in Bayern angepflanzt werden können.

(*) Unter Klima versteht man die Eigenthümlichkeit der Witterung oder der Wärme, des Windes, der Luft ꝛc. eines Ortes.

Fr. Wodurch werden die Hindernisse gehoben, und der Obstbau in Bayern befördert?

A. Die Mittel, mit welchen in Bayern Obstbaumanlagen unter sicherm Erfolg gemacht werden können, sind:

1) günstige Lagen dafür zu wählen, oder in Ermanglung
dieser durch die Kunst solche Plätze einzurichten,

2) ein den Obstbäumen entsprechendes, nahrhaftes Erdreich oder Boden zu bereiten, und

3) die geographische Lage (*) der zu bepflanzenden Gegend zu berücksichtigen, um eine richtige Auswahl,
der zu pflanzenden Obstsorten, die das Klima ertragen,
zu treffen.

In Bezug auf 1.

Fr. Welche Lagen oder Gegenden sind für
den Obstbau die günstigsten?

A. Die meisten Obstbäume lieben eine freye, sonnige,
doch gegen zu heftige Winde geschützte Lage.

Südliche, oder südöstliche Bergabhänge sind wegen der
kräftigen Einwirkung der Sonne die besten Lagen, indem
die Früchte eher reifen und schmackhafter werden: Sie eignen sich aber eben deshalb auch vorzüglich für die feinern zärt-
lichern Obstsorten, die aus einem wärmern Lande abstammen.

Oestliche Lagen sind zwar noch für die meisten Obstsorten günstig; nur leiden hier zuweilen die zärtern Sorten im
Frühjahr von den kalten Ostwinden oder Spätfrösten.

In westlichen Lagen wachsen die Obstbäume im Allgemeinen minder gut, tragen weniger schmackhafte Früchte und
leiden gewöhnlich durch die westlichen Stürme.

Am wenigsten sind nördliche Abhänge oder Lagen für
den Obstbau geeignet. Die Bäume genießen allda nur we-

2 *

(*) Geographische Lage heißt so viel, als die Entfernung eines Ortes von der mariten Weltgegend. (Aequator.)

nig Sonne, sind den kalten Nordwinden ausgesetzt, wachsen in Folge dessen nicht so üppig, ihre Früchte gerathen selten und sind nicht so schmackhaft.

In Thälern, die gegen Nord und Westen geschützt sind, gedeihen die Obstbäume auch vortrefflich. In eingeschlossenen trocknen und zu magern Lagen, haben die Obstbäume gewöhnlich ein langsames Wachsthum, werden häufig mit Moos und Flechten überzogen und vom Ungeziefer heimgesucht.

Fr. Auf welche Art kann man die dem Obstbau ungünstigen Lagen verbessern?

A. Ist man in die Noth versetzt, seine Obstpflanzungen an ganz freye, von der Natur unbegünstigte und allen Winden ausgesetzte Lagen anzulegen, so kann man solche Obstbaumanlagen durch künstliche Bepflanzungen von Gehägen oder Baumgruppen verschiedener Holzarten, als : Hainbuchen, Ulmen, Birken, Ahorne, Fichten ꝛc. oder auch Wallnußbäume gegen die nachtheiligen Einwirkungen der Winde schützen.

In Bezug auf 2.

Fr. Welchen Einfluß hat das Erdreich, Grund oder Boden auf die Obstbäume?

A. Der Grund und Boden hat, nach Maßgabe seiner Beschaffenheit, sehr großen Einfluß sowohl auf den Gesundheitszustand der Obstbäume, als auch auf die Güte und Größe der Früchte. Diese arten in unpassendem Erdreiche oft so aus, daß man an ihnen ihre edle Abstammung gar nicht mehr erkennt; besonders gibt es viele edle Birnsorten, die dieß thun. Jene aber gehen, der großen Verschiedenheit des Erdreichs wegen, meistens zu Grunde und gerade darin liegt das öftere Mißlingen der bisherigen Obstbaumpflanzungen; denn häufig ließ man sie sogar aus Frankreich nach Bayern kommen, ohne Rücksicht auf den großen Unterschied sowohl des Bodens als des Klima's zu nehmen.

Fr. Wie muß der Boden beschaffen seyn,
wenn die Obstbäume ein gesundes und
dauerhaftes Wachsthum erlangen sollen?

A. Der Obergrund, worin die Bäume unmittelbar zu
stehen kommen, muß zum wenigsten drey bis vier Fuß tief
seyn, oder wenn dieß nicht der Fall ist, wenigstens einen Untergrund haben, der das Eindringen der Baumwurzeln erlaubt und keine ihnen schädliche Bestandtheile enthält.

Fr. Welches Erdreich ist den Obstbäumen am
günstigsten?

A. Am besten gedeihen die meisten Obstbäume in einem weder zu leichten, noch zu bindenden, warmen, trocknen, oder nur mäßig feuchten Boden der einen hinlänglichen
Gehalt an Moder- oder Dammerde besitzt; z. B. ein sandiger Lehm oder Letten, oder auch ein Mergelboden. (*)

Fr. Welche Nachtheile entstehen bei den Obstbäumen, wenn der Boden die eben angeführten Beschaffenheiten nicht besitzt?

A. Ist der Boden zu locker oder zu sandig, so können
sich die Wurzeln der Bäume nicht nur keine Haltung verschaffen, sondern viele Obstbäume sind in einem solchen Boden auch mancherley Krankheiten unterworfen.

In einem zu bindenden Lehm- oder Lettenboden, (den
man auch kalten Boden nennt) gedeihen die Obstbäume auch
nicht und sind ebenfalls Krankheiten unterworfen. Ein zu
trockner magerer Boden ist ihnen gleichfalls nachtheilig, indem sie in einem solchen Erdreiche aus Mangel an Nah-

---

(*) Leichter Boden heißt der Sandboden, oder solcher, der sich
ohne große Schwierigkeit bearbeiten läßt: unter schwerem versteht man dagegen den Lehm oder Letten, der dem Bearbei-
ter mehr Hinderniß in den Weg legt. Ist nun dieser mit wenig Sand vermengt, so zertheilt er sich schwieriger und heißt
dann ein bindender Boden.

Zu diesen gehören ganz besonders der größte Theil des Isars, der südöstliche Theil des Oberdonaukreises und die Gegend längs des Böhmerwaldes. In diesen Gegenden beschränke man sich blos auf den Obstbau mittlerer Sorten wirthschaftlichen Obstes, die jenes Klima leicht ertragen können.

Man pflanze daher in rauhe, kalte Gegenden keine zärtlichen Obstsorten und begnüge sich mit jenen, die allda gut fortkommen, reichliche Erndte bringen und für deren Früchte Gelegenheit zum vortheilhaften Absatz vorhanden ist. Es befinden sich auch unter diesen gute schmackhafte Früchte, welche sogar zum Tafelobste gerechnet werden.

Zu b. Fr. Auf welchem Wege verschafft man sich Obstbäume, die an das Klima gewöhnt sind?

A. Man gelangt auf keine Art besser und sicherer hierzu, als durch Angewöhnung (Akklimatisirung) aller der Obstsorten, welche empfindlich gegen jenes Klima sind, in welchem sie künftig angepflanzt werden sollen.

Fr. Wie bezweckt man diese Angewöhnung?

A. Diese geschieht, wenn man die zärtlichen Obstarten aus ihrem bisherigen warmen Wohnorte nach und nach in die kältern überpflanzt. Indem man auf solche Weise diese zärteren Obstsorten stufenweise abhärtet, gewöhnen sie sich von Jugend auf an das rauhe Klima und ertragen in ihrem Alter alle jene Ungemache, welche der Gegend eigen sind.

Eine günstige Akklimatisirung bezweckt man am leichtesten mittels der Anlage einer Obstbaumschule.

Zweytes Kapitel.

Von der Anlegung einer Obstbaum = Pflanz = oder Edelschule.

Fr. Was versteht man unter dem Ausdruck einer Obstbaum = Pflanz= oder Edelschule?

A. Unter Obstbaumschule versteht man diejenige Einrichtung eines Stück Landes oder Gartens, wodurch es zur Erziehung, Pflege und Veredlung einer gewissen Anzahl Obstbäume in der Art geschickt wird, daß darin die Bäume von ihrem Entstehen an, bis zu dem Alter, in welchem man sie an den Ort ihrer Bestimmung pflanzt, gepflegt werden können.

Baumschulen sind freylich Anstalten, die man nur in großen Städten und in herrschaftlichen Gärten, seltner aber bey Privaten findet.

Damit sich aber jeder Liebhaber der Obstbaumzucht nach Maßgabe seines Bedarfs eine Edelschule anlegen und aus dieser alsdann am sichersten die in seine Gegend tauglichen Bäume entnehmen kann, so soll alles was Bezug auf die Einrichtung einer guten zweckmäßigen Obstbaumschule hat, hier umständlich abgehandelt werden.

Fr. Wie soll eine Obstbaumschule beschaffen seyn?

A. Die Hauptrücksichten, um eine zweckmäßige Obstbaumschule einzurichten, sind: man wähle dazu

1) eine gute geschützte Lage,
2) einen nahrhaften Boden,
3) beobachte man eine richtige systematische Eintheilung oder Ordnung der darin zu erziehenden Obstsorten,

4) man lasse den jungen Bäumchen gute Pflege angedeihen und

5) führe einen genauen Katalog der vorhandenen Sorten.

In Bezug auf I.

Welche Lagen sind für die Obstbaumschulen die vortheilhaftesten?

A. Eine Obstbaumschule soll ganz besonders eine sonnige, freye, aber gegen die scharfen Ost = und Nordwinde geschützte Lage haben. Eine eingeschlossene, schattige, feuchte Lage ist den jungen Bäumchen nachtheilig.

Es sind daher vorzüglich (zu kleinen Pflanzschulen oder wo es der Raum erlaubt) Gärten an Häusern oder Stücke Landes, die durch Mauern, Pflanzungen von Bäumen ꝛc. geschützt sind, zu empfehlen. Auch soll das Erdreich einer Pflanzschule eine ebene, wo möglichst wagrechte Lage haben, indem auf abhängigen Böden durch heftige Regengüsse oder sonstige Wasseransammlungen die Wurzeln der jungen Bäumchen von der Erde durch Abschwemmen entblößt, oder die jungen Sämlinge gar sammt der Erde mit fortgerissen werden.

Fr. Auf welche Art kann man Baumschulen gegen äußere Einflüsse, als Beschädigung der Thiere, Hasen, ꝛc. schützen.

A. Zur Vermeidung dieser Nachtheile umgibt man die Baumschulen mit einer Einfassung von Bretterwänden, Latten = oder Stecken = (Hanigel=) Zäunen oder Mauern. Außer diesen Befriedigungen auch mit lebenden Hecken oder auch mit Wassergräben; doch muß in diesem Falle die Baumschule über der Wasserhöhe des Grabens liegen, wegen der nachtheiligen Einflüsse zu großer Feuchtigkeit.

In Bezug auf 2.

Fr. Wie muß der Boden einer Baumschule beschaffen seyn?

A. Das Erdreich einer Obstbaumschule muß zum wenigsten einige Fuß tief von guter nahrhafter Beschaffenheit seyn.

Es darf weder zu trocken, locker oder mager, noch zu naß, bindend oder zu fett seyn. Im ersten Falle können sich die Bäumchen keinen festen Wurzelstand verschaffen, verkümmern oder kränkeln aus Mangel an Nahrung und im andern wirkt die große Feuchtigkeit, besonders im Winter, sehr nachtheilig auf die Wurzeln der Bäumchen. Ist der Boden zu fett, so treiben sie wegen übermäßiger Nahrung zu schnell und verzärteln; setzt man dann solche Bäumchen in einen nicht gleich fetten Boden, so fangen sie an zu kränkeln und verderben bald darauf. Daher ist ein mittelmäßiger Boden, z. B. ein rigolter Grasplatz oder Anger, oder, wenn es möglich ist, ein gebautes, nicht zu fettes Gartenland ganz besonders passend zu einer Samenschule. In mittelglichem Boden gedeihen junge Obstbäumchen auch vorzüglich gut.

Fr. Wie muß ein unbebautes Stück Land zu einer Pflanzschule zubereitet werden?

A. Vorausgesetzt, daß auf dem Platze, wo man eine Pflanzschule anlegen will, zum wenigsten 2 Fuß nahrhaftes Erdreich vorhanden ist und solches früher nicht bebaut wurde, verfährt man folgendermaßen:

War es ein Ackerland oder Wiesenfleck, so muß der Boden im Herbste, oder während des Winters umgewendet oder rigolt werden. Dieses bewirkt man, indem man, nach dem Verhältnisse des vorhandenen Bodens 2 — 3 oder 4 Fuß tiefe und 6 Fuß weite Graben in gerader Richtung (am besten nach einer Gartenschnur) aushebt. Diese ausgegrabene Erde wird am besten ans Ende oder zur Seite des zu bearbeitenden Stück Landes hingeführt, doch so, daß die Obere von der Unteren getrennt bleibt und der Arbeit nicht hinderlich ist. Wenn der erste Graben fertig ist, so gräbt man den zweiten in derselben Weite und Tiefe aus, doch so, daß die obere Erdschichte oder Rasen in den Graben unten, und die tiefer liegende auf die Oberfläche zu liegen kömmt. Indem auf diese Art der erste Graben ausgefüllt wird, entsteht darneben ein neuer, welcher eben so von der zunächstliegenden Erde wieder eingefüllt wird. So fährt man beständig mit Ausheben und Einfüllen der Gräben

VIII. Spitzäpfel.

IX. Platte - oder runde Aepfel.

B. Birnen.

I. Butterhafte schmelzende.

II. Saftreiche mit halbschmelzendem Fleische.

III. Birnen mit nicht schmelzendem Fleische.

C. Pflaumen.

I. Zwetschgen.

II. Pflaumenartige.

D. Kirschen nach Truchseß geordnet.

1. Süßkirschen.

I. Mit färbendem Safte und einfärbiger Haut.

II. Mit nicht färbendem Safte und bunter Haut.

2. Sauerkirschen.

I. Mit färbendem Safte und einfärbiger Haut.

II. Mit nicht färbendem Safte u. hellrother Haut.

E. Die Pfirschen zerfallen in 2 Klassen.

I. Die Wollige und

II. Die Nackte.

Dann folgen Aprikosen und die übrigen Steinfrüchte.

In der Baumschule sorge man, daß alle Stämmchen von einer Sorte nicht getrennt, sondern in einer ununterbrochenen Reihenfolge stehen. Man bestimme daher in größen Baumschulen für jede Sorte ein ganzes, halbes, oder ⅓ Beet, in kleinern aber eine oder eine halbe Reihe, oder wenn nur wenige Stämmchen von einer Sorte vorhanden sind, bezeichnet man jedes mit einer Nro.; im ersten Falle bezeichne man allzeit den Anfang oder das erste Stämchen mit einem Namen oder Nro. Holz.

In Bezug auf 5.

Fr. Wie muß eine Obstbaumschule gepflegt und unterhalten werden?

A. Eine Obstbaumschule muß vor allem das ganze Jahr hindurch vom Unkraute rein gehalten werden; denn das

Unkraut ist nicht nur dem Wachsthume der jungen Bäumchen sehr nachtheilig, sondern die Sämlinge werden, wenn es überhand nimmt, sogar von demselben erstickt. Außerdem nimmt es auch dem Erdreiche seine Nahrung. Bey Samenbeeten muß es ausgejätet, bey den erwachsenen Bäumchen aber durch Umgraben oder Hacken beseitiget werden.

Um das Erdreich locker und für die wohlthätigen Einflüsse der Atmosphäre (*) empfänglich zu erhalten, muß der Boden öfter umgegraben oder behackt werden. Das Umgraben geschieht am zweckmäßigsten im Herbste oder Frühjahre. Beym Umgraben mit der Stech = oder Grabschaufel ist zu bemerken, daß man nicht zu tief umgräbe, sondern querhands hoch; weil man im widrigen Falle die Saugwürzelchen (die besten Würzelchen der Bäumchen), absticht und dadurch den Bäumchen sehr schadet. Das Behacken geschieht mit einer Krauthaue und zwar nimmt man es im Frühjahre, um Johannis und im Herbste vor. Bei dieser Arbeit ist ebenfalls zu beobachten, daß die Erde nicht zu tief behackt wird, besonders bey jungen oder erst kurz verpflanzten Stämmchen. Ueberhaupt ist das Behacken der Erde einer Baumschule dem Umgraben aus obigen Gründen vorzuziehen.

Das Düngen einer Obstbaumschule ist nur in dem Falle anzurathen, wenn die Erde ausgezehrt oder mager geworden ist; im widrigen Falle verursacht es mehr Nachtheil als Nutzen; wohlthätiger wirkt das Auffüllen oder Untermischen nahrhafter, fetter Erde.

(*) Atmosphäre nennt man die Luft oder den Dunstkreis, die unsere Erde umgibt.

Drittes Kapitel.

Von der Erziehung, Vermehrung und Veredlung der Obstbäume.

A. Von der Erziehung ꝛc.

Fr. Auf welche Art können Obstbäume erzogen oder vermehrt werden?

A. Die Erziehung und Vermehrung der Obstbäume kann auf verschiedene Weise bewerkstelligt werden.

Die natürlichsten und zweckmäßigsten Arten sind,

1. Durch Samen.
2. Durch Ableger.
3. Durch Stecklinge und
4. Durch Wurzelbruten.

1. Vermehrung durch Samen.

Fr. Wie geschieht die Vermehrung durch Samen?

A. Die Vermehrung der Obstbäume durch Samen, überläßt man entweder der Natur oder veranlaßt sie durch Kunst.

Fr. Was versteht man unter der durch die Natur veranlaßten Aussaat?

A. Unter der durch die Natur veranlaßten Aussaat versteht man, wenn in Wäldern oder Obstgärten die Früchte nach der Zeitigung von selbst auf den Grund fallen, hier aufgehen und zu kleinen Pflanzen heranwachsen.

Diese Stämmchen findet man zwar oft gesund und zur Veredlung brauchbar, besonders wenn sie einzeln stehen, aber in den meisten Fällen haben sie einen schlechten

Wurzelstand und wachsen also in Folge dessen bey dem Verpflanzen nicht gerne oder sehr langsam an. Stehen sie aber zu dicht, oder in einer dumpfigen Lage, so sind sie gewöhnlich verbuttet oder kränklich und liefern daher keine kräftige Bäume. Aus diesen Gründen ist die künstliche Aussaat vorzuziehen.

Fr. Wie bewerkstelligt man die künstliche Aussaat?

A. Zur künstlichen Aussaat sammelt man die Kerne oder Steine von reifen Früchten guter Arten, oder auch die von wilden Aepfeln, Birnen, Pflaumen, Kirschen ꝛc., indem diese, wenn sie veredelt werden, gleiche Dienste thun. Die aus wilden Obstkernen erzogenen Bäume haben das Gute, daß sie in einem rauhen Klima und schlechten Boden besser gedeihen, als solche aus Kernen veredelten Obstes erzogenen Bäume.

Diese Bäume wachsen gewöhnlich etwas langsamer, deswegen sind sie dauerhafter; man muß daher beym Veredeln solche Sorten wählen, die mit dem Holze der Wildlinge ähnliche Beschaffenheit haben, weil es viele Sorten gibt, die nicht gleich gut darauf fortkommen. Darunter gehören alle diejenigen, welche einen schnellen Wuchs und grobfaserigers Holz als die Wildlinge haben. In solchen Fällen entstehen gewöhnlich nach der Veredlung ungestaltete Stämme, die unten dünn und ober der Veredlung dick sind. Man nehme daher in der Regel, besonders in großen Baumschulen, Samen von veredeltem Obste.

Fr. Welche Auswahl ist unter den Samen zu machen?

A. Man wähle vorzugsweise die Samen oder Kerne von solchen Obstsorten, deren Bäume ihrer Natur nach ein gesundes, kräftiges Wachsthum haben, und schöne, dichte Wipfel (Kronen) bilden. Dagegen vermeide man solche zu nehmen, besonders zu Hochstämmen, die von zärtlichen Sorten sind, oder einen kärglichen, langsamen Wuchs haben, weil sich solche Uebel gewöhnlich auf ihre Nachkommenschaft forterben.

2

Fr. Wie sollen brauchbare Samen beschaffen seyn?

A. Die Aepfelkerne müssen recht vollkommen schwer und braun, die Birnkerne schwarz seyn; die dunkelgefärbten wähle man beym Steinobste.

Fr. Auf welche Art erhält man die Samen am leichtesten?

A. Man sammelt dieselben beym Verbrauch des Obstes in der Haushaltung und trocknet sie an einem luftigen, gegen die Sonne geschützten Orte. Da, wo aber das Obst gekeltert wird, nimmt man am besten die Kerne sammt den Trestern und verwendet sie gleich zur Aussaat. Die Erfahrung hat gelehrt, daß solche Aussaat am ergiebigsten gekommen und die jungen Pflänzchen sehr schnell und kräftig herangewachsen sind. Man zieht sogar auf diese Art in manchen Gegenden ganze Obsthecken oder lebende Zäune. Will man aber die Kerne aufbewahren, so muß man sie aus dem Teig oder Trestern auswaschen. Bey dieser Arbeit fallen die guten zu Boden und die schlechten schwimmen auf der Oberfläche des Wassers. Nachdem man sie gewaschen, trocknet man sie an der Luft und bewahret sie bis zur Aussaat am besten an einem kühlen, luftigen, trocknen, vor den Mäusen beschützten Orte. Nüsse, Pfirsichen, oder Kastanien bewahrt man am besten in Sand auf.

Fr. Welches ist die beste Zeit zur Aussaat?

A. Die günstigste Zeit zur Aussaat ist im Herbste der Monat Oktober und November, oder im Winter; indem durch die Winterfeuchtigkeit und den Frost die Hülsen und Steine der Obstsamen mürbe gemacht werden und darauf die Samen im folgenden Frühjahre besser und reichlicher keimen und aufgehen. Minder gut ist die Aussaat im Frühjahre.

Fr. Wie verfährt man bei der Aussaat des Kernobstes?

A. Vor dem Aussäen werden die dazu bestimmten Beete gut umgegraben oder, wenn es nöthig ist, rigolt, abgerecht und dann, je nachdem das Beet breit ist,

4—6 Rinnen oder Furchen nach der Schnur darauf gezogen, so, daß die Furchen zum wenigsten ¾ Fuß von einander entfernt sind. In diese Rinnen werden die Kerne gelegt und mit 1½ Zoll hoher Erde bedeckt. Die Breitsaat ist nicht empfehlenswerth.

Will man die Aussaat im Winter machen, so müssen die dazu bestimmten Beete vor dem Einbruche der Kälte vollkommen zubereitet, also auch die Rinnen oder Furchen gezogen werden. Auch versehe man sich bei gutem Wetter mit einem, im Verhältniß zu der zu machenden Aussaat stehenden Vorrath von gesiebter Erde, und bewahre sie an einem frostfreyen Orte, z. B. im Keller ꝛc.

Wenn nun der Frost eingetreten und die Erde mit Schnee bedeckt ist, so schafft man diesen mittelst Schaufeln oder Kehren bei Seite und legt die Kerne in die gefrornen Rinnen, bedeckt sie mit der vorräthigen Erde und wirft den Schnee wieder darauf. Will man aber die Aussaat wegen vieler Mäuse oder anderer Hindernisse erst im Frühjahre unternehmen, so bewirke man ein sicheres Keimen der Samen mittels Reichart's Verfahren. Man vermische die Kerne im Herbste oder Winter mit Sand oder guter, mäßig feuchter Erde, lege dieses Gemisch in große flache Töpfe, bedecke es oben mit ½ Zoll Sand oder Erde und gieße das Ganze einmal an. Dieser Topf wird alsdann in einen Keller oder andern trocknen, frostfreyen Ort gestellt und, wenn der Sand oben trocken wird, mäßig angegossen.

Im Frühjahre werden hernach diese Samen sammt dem Sand oder Erde auf das zubereitete Beet, sobald es die Witterung erlaubt, und die Erde abgetrocknet ist, auf die früher angeführte Weise ausgesäet.

Fr. Wie verfährt man bey der Aussaat des Steinobstes?

A. Die Samen des Steinobstes, als: Pflaumen, Kirschen, Mandeln ꝛc. säet man am besten vor Winter, blos auf die Oberfläche der zubereiteten Beete, und bedeckt sie dünne mit Moos, damit die günstigen Einwirkungen des

Schnee's nicht verhindert werden. Im Frühjahre, nachdem
der Schnee geschmolzen, überstreuet man sie mit etwas trockner Erde.

Will man aber die Aussaat erst im Frühjahre vornehmen, so verfahre man, wie eben bei dem Kernobste bemerkt
würde. Sollten die Steine (Kerne) bis zur Aussaat schon
im Keimen seyn, so nimmt man sie behutsam heraus und
pflanzt sie wagrecht; d. h. das Schnäbelchen oder Würzelchen nach unten in die Erde, so daß also der Samen seitwärts des Schnäbelchens liegt.

Sind es Mandeln, Nüsse oder Kastanien, so muß der
Keim auf der Seite stehen, weil diese Früchte seitwärts
treiben.

Fr. Was geschieht nach der Aussaat?

A. Nach der Aussaat, sowohl des Kern= als Steinobstes, bedecke man die Samenbeete, entweder mit etwas
abgelegenem Dünger, oder mit Sägespänen oder was noch
besser ist, mit Tannen = oder Tarreisern. Denn diese Bedeckung schützt sie nicht allein gegen das Austrocknen durch
die Sonne und die Winde, sondern auch gegen die Spät-
fröste; das nachtheilige Aufreißen der Erde und das Unkraut
kommt nicht zu schnell. Auch werden die Vögel, die die
Samenlappen der keimenden Samen gerne abfressen, dadurch abgehalten. Die verschiednen ausgesäeten Obstsorten
bezeichne man mit Namen = oder Nummerhölzern, welche sich
auf das gemachte Verzeichniß beziehen; um auf diese Art
jede Sorte leicht finden zu können.

Fr. Was geschieht, wenn die Samen aufgegangen sind?

A. Nachdem die Samen aufgegangen sind, untersuche man den Stand der Samenpflanzen. Stehen sie zu
dicht, so verdünne man jene Stellen. Dieses geschieht am
besten bey regnerischem Wetter im Monate Juni, indem
man die überflüssigen behutsam auszieht und an jene Stellen, wo sie zu dünne stehen, oder auf ein anderes dazu be-
reitetes Land 4 Zoll weit auseinander pflanzt.

Außerdem halte man sie vom Unkraute sehr rein und suche
selbes, sobald es auf dem Samenbeete erscheint, durch flei-
ßiges Ausjäten zu vertilgen und zwar so oft es sich wieder
zeigt. Tritt eine trockne oder heiße Witterung ein, so müssen die Samenbeete öfter begossen werden, besonders nach
dem Ausjäten, damit sich die an den Würzelchen aufgelo-
ckerte Erde wieder anschließt. Bei solcher Pflege und Wartung werden die Bäumchen schon im ersten Jahre eine schöne
Größe erreichen.

**Fr. Was hat man im zweyten Jahre zu ver-
richten?**

A. Wenn das Verdünnen der Samenpflänzchen nicht
im verflossenen Sommer geschehen ist, so muß diese Arbeit,
nach der früher gegebenen Anweisung, nun im Frühjahre
des zweyten Jahres vorgenommen werden. Ferner schneidet
man den jungen Bäumchen die Seitenäste ab, damit das
Stämmchen rascher und kräftiger treibt. Das Auflockern des
Bodens und Reinigen vom Unkraute wird während des Sommers nach der gegebenen Anleitung, wie im ersten Jahre,
verrichtet. Auch kann man im Herbste schon die Bäumchen verpflanzen oder ausgraben und bis zur Verpflanzung
im nächsten Frühjahre einschlagen.

**Fr. Wie verfährt man mit diesen Bäumchen
im dritten Jahre?**

A. Im Frühjahre des dritten Jahres werden die
Bäumchen mittelst eines Spatens (Grabschaufel) vorsichtig
ausgegraben, deren Pfahlwurzel bis zur Hälfte scharf abgeschnitten und eben so das Stämmchen bis auf 2—3 Augen.
Durch das Beschneiden der Pfahlwurzel bezweckt man besonders, daß sich der Wurzelstand mehr an den Seiten bildet,
welches ein wichtiger Vortheil beym künftigen Verpflanzen
der Bäumchen ist. Ein öfter verpflanztes Bäumchen leidet
nämlich beim Versetzen weniger, als ein solches, das nie oder
nur selten verpflanzt wurde, weil dieses außer der Pfahlwurzel, wenig oder gar keine Seitenwurzeln macht. Das

ſtarke Beſchneiden des Stämmchens hat den Nutzen, daß
ein ſolches Bäumchen gewöhnlich ſehr ſtarke Triebe macht,
von denen man nur den ſchönſten und üppigſten ſtehen läßt,
der ſich alsdann ſowohl zu einem ſchönen Stämmchen, als
auch zur künftigen Veredlung vortheilhaft ausbildet.

Nachdem nun die zweyjährigen Bäumchen ſo zugerichtet
ſind, werden ſie auf die in der Baumſchule beſtimmten Beete
in 2 Fußweite Reihen und 1½ oder 2 Fuß von einander
gepflanzt.

Fr. Was hat man bey dieſer Arbeit zu be-
rückſichtigen?

A. Wenn die Beete nach der früher angegebenen Weiſe
hergeſtellt ſind, zieht man nach einer Schnur einen, dem
Wurzelſtand angemeſſenen Graben, d. h. von der Tiefe,
daß die Wurzeln bequem darin gelegt werden können.
Alsdann ſetzt man in dieſen die Bäumchen 1½ oder 2 Fuß
weit auseinander, etwas tiefer, als ſie vorher geſtanden, bedeckt die Wurzeln, nachdem ſie gehörig ausgebreitet worden,
mit feiner lockerer Erde und drückt die Erde ganz gelinde
mit den Füßen um die Stämmchen an. Iſt die ganze
Reihe vollendet, ſo beginnt man mit einer andern und fährt
auf dieſe Weiſe ſo lange fort, bis alle Bäumchen unterge-
bracht ſind.

Man kann auch für jedes Bäumchen ein Loch nach der
Schnur graben und dieſes alsdann nach der ebenangeführ-
ten Weiſe darin pflanzen. Nach Beendigung dieſer Arbeit,
gießt man die Bäumchen recht gut ein, damit ſich die Erde
inniger um die Würzelchen ſchließt und in Folge deſſen,
alle noch leere Zwiſchenräume der Wurzeln ausgefüllt werden. Geſchieht aber die Verpflanzung im Herbſte, ſo darf
man ſie nicht eingießen; weil die Bäumchen ſonſt durch den
eintretenden Froſt leiden würden.

Nachdem das Waſſer gehörig in die Erde gedrungen,
wird der Graben mit der noch vorhandenen Erde ausgefüllt
und darnach um die Bäumchen nochmals angedrückt.

(Wenn mehrere Perſonen zum Einpflanzen verwendet
werden können, ſo kann man die Bäumchen gleich nach dem

Einpflanzen begießen laſſen). Während trockener Witterung muß das Begießen öfter wiederholt werden, ſo lang, bis die Bäumchen gut eingewurzelt ſind, d. h. neue Wurzeln gemacht haben.

Nun ſind die Sämlinge oder Wildlinge bis zur Veredlung vorbereitet und viele davon wachſen oft ſo raſch, daß ſelbe noch in dem nämlichen Sommer veredelt werden können, beſonders findet dieſes bey den Pflaumen ſtatt.

Unter den aus Samen veredelter Obſtſorten erzogenen Bäumchen finden ſich manchmal welche, die, ohne veredelt zu ſeyn, gutes Obſt tragen; allein man iſt nicht immer eines guten Erfolgs ſicher und ſie tragen gewöhnlich ſehr ſpät, deswegen iſt es rathſamer, ſie zu veredlen.

2. Vermehrung durch Ableger.

Fr. Wie geſchieht die Vermehrung der Obſt-bäume durch Ableger?

A. Die Vermehrung mittelſt Ableger geſchieht im Herbſte oder im Frühjahre und wird folgendermaßen erzielt. Man wähle ſolche Bäume dazu, welche viele Zweige nahe am Boden haben, oder wenn man keine ſolche Stämmchen beſitzt, ſo erzieht man ſie ſich, indem man ſie auf den Boden niederlegt, damit die Aeſte denſelben berühren können; oder wenn man dieſes nicht will, ſo hängt man an die abzulegenden Aeſte Töpfe oder Kaſten mit Erde gefüllt. Dieſe Aeſte werden nun zur Erde gebogen und unter einem geſunden Auge der Länge nach oben zu eingeſchnitten, ſo, als wollte man den Aſt in der Mitte durchſpalten, und das unter dem Auge übrige Theilchen nach der Quere ſcharf abgeſchnitten, gerade ſo, wie man Nelken einzuſchneiden pflegt. Man kann auch, ſtatt des Einſchneidens, das Auge mit einem feinen Meſſingdraht unterbinden, oder man dreht den Zweig unter einem Auge ein paarmal um. Alle dieſe Verfahrungsarten beruhen auf dem Grunde, eine Wunde oder Reiz zu veranlaſſen und den Umlauf des Saftes zu ſtören; denn dadurch wird der abgelegte Zweig, unter Beyhülfe günſtiger Enflüſſe des Bodens und der Atmoſphäre, genöthigt Wurzeln zu machen.

Nachdem nun der Aſt oder Zweig ſo vorbereitet iſt, legt man den verwundeten Theil behutſam in die dazu bereitete Erde, ſo daß die Spitze des Aſtes nebſt einigen Augen auſſerhalb der Erde bleibt, befeſtiget ihn mit einem ſtarken Hacken, bedeckt dieſen Theil mit ½ Fuß hoher Erde und hält dieſelbe, um das Bewurzeln zu befördern, feucht. Wenn ſich die Ableger gehörig bewurzelt haben (welches nach Verlauf eines oder zweyer Jahre der Fall iſt und man durch vorſichtiges Unterſuchen wahrnehmen kann), werden ſie von den Mutterſtämmen getrennt und entweder ſogleich an ihren Beſtimmungsort, oder in die Pflanzſchule verſetzt, welches rathſamer iſt, damit ſie ſich noch beſſer bewurzeln können. Da man gewöhnlich nur Bäume auf dieſe Art vermehrt, die ſchon veredelt, oder gute ausgezeichnete Sorten ſind, ſo bedürfen die aus ſolchen Ablegern erzogenen Obſtbäumchen keiner Veredlung mehr.

(Es gibt zwar noch mehrere Arten Ableger zu machen, allein da dieſe Vermehrungsart nicht für alle Obſtſorten anwendbar iſt, ſo wird ſie zur Vermehrung des Weinſtokes, der Quitten, Johannisäpfelſtämmchen und Stachelbeeren ꝛc. hinreichend ſeyn.)

3. Vermehrung durch Steclinge oder Schnittlinge.

Fr. Auf was beruhet die Vermehrung durch Steclinge?

A. Die Vermehrung durch Steclinge oder Schnittlinge beruht darauf, daß Zweige des Mutterſtammes, welche zweyjähriges Holz haben, wurzeln, wenn man ſie in das geeignete Land bringt, und ſomit zu neuen Stämmen heranwachſen.

Fr. Wann und wie geſchieht dieſe Vermehrungsart am beſten?

A. Dieſe Vermehrungsart geſchieht am beſten im Frühlinge; minder vortheilhaft iſt ſie im Herbſte, weil die Steclinge durch den Winterfroſt in die Höhe gezogen werden und leiden. Man ſchneidet zu dieſem Zwecke mäßig ſtarke, gesunde, reife, einjährige Triebe von den zu vermehrenden Mutterstämmen so ab, daß sie noch einen Ansatz von zweyjährigem Holze behalten. Dieses geschieht entweder im Herbste oder im Frühjahre; im ersten Falle müssen die Zweige gut in die Erde eingegraben werden, damit sie nicht während des Winters verderben. Nun schneidet man die zu Stecklingen bestimmten Zweige vorsichtig, daß sich keine Rinde ablöst, auf eine gleiche Größe von 10 bis 12 Zoll scharf ab, unten aber nur so viel, daß noch ein kleiner Theil des zweyjährigen Holzes daran bleibt. Sind alle die Stecklinge auf diese Weise hergerichtet, so steckt man sie mittelst eines Setzholzes auf das hierzu bereitete Beet nach der Schnur, drey bis vier Zoll weit auseinander, mit dem untern dicken Theil so tief in die Erde, daß der Zweig nur drey Zoll, oder mit ein paar Augen aus derselben hervorsteht, und drückt alsdann die Erde mit dem Setzholze daran. Man kann sie auch in Graben oder Furchen setzen, wobey man ebenso verfährt, wie bey dem Versetzen der zweyjährigen Sämlinge angegeben wurde. Sind sie nun auf die eine oder die andere Weise versetzt, so werden sie eingegossen und darnach das Beet wieder eben gemacht. Zu dieser Vermehrung wähle man am besten eine wenig besonnte, feuchte Stelle im Garten; weil sich unter diesen Umständen die Stecklinge leichter bewurzeln; deßwegen müssen sie auch bey trockner Witterung fleißig begossen werden.

Fr. Was hat man ferner mit den Schnittlingen zu thun?

A. Nach Johannis treiben die Reiser gewöhnlich in dem zweyten Safte aus, machen aber meistens nur schwache Triebe, deßwegen ist es rathsamer, sie im darauffolgenden Frühjahre bis auf 2 Augen abzuschneiden, um dadurch sowohl die Wurzeln, als den künftigen Trieb zu verstärken. Nach Verlauf zweyer Jahre haben sich die Stecklinge gewöhnlich so bewurzelt, daß man sie verpflanzen kann. Was die Behandlung der Beete, dieser und der vorhergegangenen Vermehrungsart betrifft, so findet hier das nämliche statt, was bei der Behandlung der Samenbeete anempfohlen wurde.

Fr. Bey welchen Obstarten ist diese Vermeh=
rungsart besonders zweckmäßig?

A. Diese Vermehrungsart ist bey Wein, Johannisäpfeln,
Quitten, Stachelbeeren, ꝛc. sehr anwendbar; bey vielen an=
dern aber, als z. B. bey Aepfeln, Birnen und namentlich dem
Steinobste nicht, und wenn sie auch manchmal gelingt
so gibt es in der Regel keine schnellwüchsige starke Bäume.

Stecklinge von veredelten Obstsorten dürfen ebenfalls nicht
mehr veredelt werden.

4. Vermehrung durch Wurzelbruten.

Fr. Wie geschieht die Vermehrung durch
Wurzelbruten?

A. Zu der Vermehrung durch Wurzelbruten, Wurzel=
schößlinge oder Wurzelausläufer gibt die Natur selbst den
besten Fingerzeig, indem es viele Obstsorten gibt, die häu=
fige Wurzelschößlinge treiben, z. B. die Quitten, Johannis=
äpfel, Pflaumen ꝛc., sich also auch auf diesem Wege vermeh=
ren lassen und zwar so gut, als die aus Samen erzogene
Bäume gebraucht werden können. Das unangenehme haben
manche, daß sich die Eigenschaften ihrer Mutter, viele Bru=
ten zu erzeugen, mit fortpflanzen.

Die einfachste Verfahrungsart ist: man trennt die
Wurzelausläufer behutsam mit dem Spaten (Grabschau=
fel) oder Messer von dem Mutterbaume los, um weder die
jungen Würzelchen der Ausläufer, noch den starken Wurzeln
des Mutterbaumes zu schaden; schneidet die Verbindungs=
wurzeln rein zu, damit sich die Wunde leichter verheilt;
ebenso schneidet man das Stämmchen auf 2 oder 3 Augen
zurück und verpflanzt es gleich zweyjährigen Sämlgen in die
Pflanzschule.

Will man sie durch Kunst erzeugen, so schneidet man
solchen Bäumen mit Anfang des Frühlings die Stämme
bis zur Erde ab und umgibt den Stock mit guter Erde.
Während des Sommers werden dann die Schößlinge in
Menge hervorkommen, sich nach und nach bewurzeln und
sich zu Bäumchen bilden. Wenn sie gehörig bewurzelt sind
nimmt man die Trennung vor, wie oben erwähnt wurde.

Auf diese Art kann man sehr leicht zu neuen Bäumchen kommen, die sich zur Veredlung sehr gut eignen; besonders sind die Wurzelausläufer der Pflaumen hierzu anwendbar.

Die Wurzelschößlinge der Johannisäpfelstämme, Quitten und Pflaumen eignen sich vorzüglich gut für Topf= Zwerg= und Spalierbäume; daher darf man diese Vermehrungsart nicht außer Acht lassen, besonders in großen Baumschulen.

B. Von der Veredlung der Obstbäume im Allgemeinen.

Fr. Was versteht man unter Veredlung der Obstbäume?

A. Das Ueberpflanzen oder die Vermehrung edler Sorten auf Wildlinge.

Fr. Was wird durch die Veredlung bezweckt und welchen Einfluß hat diese Vermehrungsart auf den künftigen Baum?

A. Vor allem eine sichere und schnellere Fortpflanzung edler Obstsorten; denn statt daß man diesen Pflanzentheil bei der gewöhnlichen Vermehrung in die Erde pflanzt, wird er durch diese Vermehrungsart sogleich auf einen seinen Eigenschaften anpassenden Stamm gesetzt, und dadurch sein Gedeihen befördert. Ferner werden die Säfte des Wildlings, sobald sie in diesen edlen Pflanzentheil hinüber treten, vermöge der Verschiedenheit seines inneren Baues, ihm angeeignet, d. h. verbessert, gerade so, wie die aus der Erde erhaltenen Säfte von jeder Pflanze ihr angeeignet werden. Der daraus erwachsene Baum trägt also alle die Eigenschaften seines Mutterbaumes mit auf den Wildling über.

Fr. Welcher ist der fremde, veredelnde Theil, der auf den Wildling gesetzt wird, um diese Veränderung hervorzubringen?

A. Dieser ist eine Knospe (Auge) oder ein Zweig mit mehreren Knospen; das erstere nennt man Edelauge, den zweiten das Edelreis.

**Fr. Worauf hat man bey der Veredlung be-
sonders Rücksicht zu nehmen?**

A. Um auf einen sichern Erfolg der Veredlung rechnen
zu können, ist vor allem nöthig, daß eine hinlängliche Ueber-
einstimmung (Analogie) in den Eigenschaften zwischen beiden
Pflanzen statt finde, d. h. der Bau ihrer Saftgefäße und Fi-
bern, die Beschaffenheit ihres Holzes und der Rinde und
sogar ihr Wachsthum muß sich möglichst ähnlich oder gleichförmig verhalten. Im widrigen Falle erfolgt entweder gar
keine Verbindung oder Verwachsung, oder das Edelreis er-
leidet durch die Verbindung mit einem unpassenden Wildlinge zweckwidrige Veränderungen, oder erhält Eigenschaften, die den Mutterpflanzen nicht zukommen, hinsichtlich seines Wachsthumes, Beschaffenheit der Früchte rc. So kann
z. B. ein Apfelstämmchen wohl ein eingeimpftes Birnauge
annehmen, allein es wird einen entstellten Wuchs bekommen,
kränkeln und bald absterben. Selbst wenn das Edelreis und
der Wildling zu einerley Gattung gehören, aber von verschiedenen Obstsorten sind, schlägt die Veredlung doch nicht
immer gut an. Es artet z. B. manche Aepfelsorte aus,
wenn sie auf einen, ihrer Natur nicht anpassenden Aepfel-
wildling gesetzt wird. Dieser Umstand muß besonders berück-
sichtigt werden bey Bestimmung der verschiedenen Arten von
Bäumen, ob man sie als Zwerg- oder Hochstämme erziehen
will.

**Fr. Wie kann man diese widrigen Umstände
vermeiden?**

A. Man nehme, wie schon früher bey der Auswahl der
Kerne erwähnt wurde, zu hochstämmigen Aepfelbäumen solche
Wildlinge zur Unterlage, die ein rasches Wachsthum haben und von keinen zärtlichen Sorten sind, denn so z. B.
werden auf Calvillen veredelte Aepfelsorten sich niemals zu
schönen, gesunden, kräftigen Hochstämmen ausbilden. Eben
so darf man zu Zwerg- oder Spalierbäumen nur Sorten
von langsamem Wuchse und früher Tragbarkeit wählen.
Dazu nimmt man am zweckmäßigsten, für Aepfel Johan-

nisäpfelstämmchen; zu Birnen Quitten oder Bergamotten, zu
Kirschen Mahalebpflanzen, (Prunus Mahaleb) und zu Pfirschen und Abrikosen Pflaumenstämmchen. Das Klima verdient
ebenfalls Berücksichtigung bey der Wahl passender Wildlinge.
Daher ziehe man in rauhen kalten Gegenden Bayerns die von
Holzäpfeln, Holzbirnen ꝛc. oder von sonstigen gemeinen Sorten
erzogenen Bäumchen zu Unterlagen oder Grundstämmen vor.
Die auf solche Stämme veredelten Obstbäume tragen zwar in
der Regel etwas später Früchte, sind aber dagegen viel
dauerhafter, und widerstehen eher den schädlichen Einflüssen
des Klima's.

Aus diesen Gründen, um eine richtigere und sichere Auswahl unter den Wildlingen machen zu können, ist es sehr
gut, wenn man Kerne von verschiedenen Sorten Aepfel,
Birnen ꝛc. in der Samenschule aussäet und selbe richtig durch
Nummer- oder Namenhölzer bezeichnet.

Fr. Wie müssen die Wildlinge ferner vor der Veredlung beschaffen seyn?

A. Die Wildlinge, Grundstämme oder Unterlagen müssen vor allem einen guten Wurzelstand haben, d. h. sie müssen nach dem Verpflanzen gut eingewurzelt seyn, einen gesunden kräftigen Wuchs haben und nicht zu alt seyn. Man
nehme ja keine schlecht gewachsenen, verkrüppelten Stämmchen;
hier gilt das Sprichwort, „wie das Unterlager, so der Baum.“
Und wie kann man sich einen schönen veredelten Baum erwarten, dessen Unterlager kränklich oder verbuttet gewesen?
Man sondere deswegen schon beym Verpflanzen der zweyjährigen Sämlinge alle jene ungestalteten, kränklichen Wildlinge aus. Oft bezweckt man durch öfteres Abschneiden auf
ein paar Augen über der Erde ein besseres Wachsthum.

Fr. Wie müssen die Edelreiser oder Edel-knospen beschaffen seyn?

A. Die Edelreiser und Edelknospen müssen ebenfalls,
so wie die Wildlinge, von guter, gesunder Beschaffenheit, nicht
zu dick und mit Holzaugen versehen seyn und von schönen,

gesunden, tragbaren Mutterbäumen gewonnen werden. Denn hier findet wieder statt, was bey den Wildlingen erwähnt worden: alle kränkliche oder schlechte Eigenschaften des Mutterbaumes pflanzen sich in den meisten Fällen auf das neue Individuum, ja oft auf Generationen fort.

Fr. Was läßt sich aus dieser Erfahrung folgern?

A. Daß die Edelknospen, welche, unter günstigen Umständen auf andere Pflanzen versetzt, alle Eigenschaften der Mutterpflanze übertragen, die von der Natur bestimmten Pflanzentheile seyen, welche die Sorte fortpflanzen; und es ergibt sich hieraus der wichtige Unterschied zwischen Knospe und Samen, daß erstere die Sorte, letzterer aber die Art fortpflanzt.

Hieraus wird auch begreiflich, warum aus den Samen veredelter Obstbäume meistens nur Wildlinge entsprossen, welche wohl die Eigenschaften der Art aber nicht die der Sorte besitzen.

Fr. Wann sollen die Edelreiser geschnitten werden?

A. Die rechte Zeit, Edelreiser zu schneiden, ist diejenige, in welcher die Knospen des Edelbaumes noch ganz mit dem Safte desselben angefüllt sind, d. h. der Saft des Baumes noch stockt, nicht in Bewegung ist, oder das Auge schläft, wie man zu sagen pflegt.

Fr. In welchen Monaten ist dieß der Fall?

A. Vom Monat November, bis gegen den Monat März. Pfirschen-, Abrikosen-, Pflaumen- und Kirschenreiser müssen im Monat Jänner oder Februar geschnitten werden; weil der Saft dieser Bäume durch die Frühlingssonnenstrahlen am ersten in Bewegung gesetzt wird und die Knospen oder Augen in Folge dessen gleich anschwellen und sich zu entfalten beginnen. Wenn man veredelt, dürfen die Wildlinge eher schon im Safte seyn, als die Reiser in

denselben geschnitten werden. Von frisch geschnittenen Edel=
reisern ist daher kein günstiger Erfolg zu erwarten, weil
dann der Saft in ihnen verhältnißmäßig schon zu sehr in
Bewegung ist.

**Fr. Wo soll man sie bis zum Verbrauch auf=
bewahren?**

A. Nachdem die Edelreiser geschnitten sind, werden sie
nach ihren Sorten numerirt und an einen schattigen Ort
im Garten 4 bis 6 Zoll tief mit dem untern Theile in die
Erde gegraben; oder man bewahret sie in mäßig feuchter
Erde in einem luftigen trocknen Keller auf, oder steckt sie
in mit Erde gefüllte Töpfe oder Kästchen, und bringt selbe in
einen frostfreyen Behälter, eine Kammer, trocknes Gewölbe ꝛc.
mit einem Wort, an einen Platz, wo sie weder vom Froste
Schaden leiden, noch durch die Wärme zum Treiben gelockt
werden. Daher muß man vorzüglich gegen Ende März
oder im April, wenn es warme Tage gibt, Sorge tragen,
sie gegen die Wärme zu schützen und die Erde nicht zu
feucht werden lassen. So lange nun die Edelreiser frisch
sind und nicht treiben, sind sie zum Veredlen tauglich.

**Fr. Welches ist die zweckmäßigste Zeit zum
Veredlen?**

A. Neuern Erfahrungen zufolge, kann man das ganze
Jahr hindurch veredeln; allein diese Versuche kann man eher
in großen Baumschulen anwenden, wo es auf einige miß=
lungene Proben nicht ankömmt; deswegen ist es für Lieb=
haber und den Landmann rathsamer, in derjenigen Zeit zu
veredlen, von welcher man sich einen sichern Erfolg erwarten
kann. Diese ist: für's Pfropfen im Frühjahre, nachdem der
Saft des Wildlings oder Grundstammes in Bewegung ist,
und zwar für Pfirschen und Abrikosen von Ende Februars,
bis in den Monat März; dann folgen die Kirschen, Pflau=
men, Birnen und zuletzt die Aepfel und so kann man bis in
Mai fortpfropfen, wenn die Edelreiser noch brauchbar sind.
Ablactiren kann man das ganze Jahr hindurch und

für's Oculiren ist von Johannis bis September die geeignete Zeit.

Von den Veredlungsarten.

Fr. Auf welche Art werden Wildlinge am zweckmäßigsten veredelt?

A. Es gibt eine große Anzahl Veredlungsarten. Die beiden Hauptarten beruhen in dem Aufsetzen eines Edelauges, oder eines Edelreises auf den Wildling. Der verstorbene Professor Thouin in Paris beschäftigte sich vorzüglich damit und machte mehr als hundert verschiedene Arten bekannt.

a. Das Veredlen durch Edelreiser hat zwei Haupteintheilungen.

I. Das Pfropfen oder Pelzen (nach Thouin, das Pfropfen durch Anzweigen, Greffe par scions.)

II. Das Ablactiren, (das Pfropfen durch Absäugen, Greffe par approche.)

b. Das Veredlen durch Edelaugen besteht nur in dem Oculiren oder Aeugeln, (das Pfropfen mit dem Auge, Greffe par gemmes.)

Da also alle übrigen Veredlungsarten nur Abarten oder Abänderungen von diesen dreyen sind, und in manchen Fällen bey der Obstbaumzucht gar nicht angewendet werden können, so werden nur diese ebenerwähnten drey Hauptveredlungsarten als die zweckmäßigsten aufgeführt und erläutert.

a. Vom Veredlen durch Edelreiser.

I. Das Pfropfen oder Pelzen.

Fr. Was versteht man unter Pfropfen oder Pelzen?

A. Unter Pfropfen oder Pelzen versteht man diejenige Veredlungsart, bey welcher das Edelreis keilförmig zugeschnitten in einen Spalt des Wildlings gesteckt wird.

Fr. Welche sind die gebräuchlichsten Arten des Pfropfens?

A. Das eigentliche Pfropfen und das Kopuliren.

Fr. Gibt es mehrere Arten von Pfropfen im eigentlichen Sinne?

A. Das eigentliche Pfropfen zerfällt nach den gebräuchlichsten Verfahrungsarten wieder in drey Unterabtheilungen: das Pfropfen

    a. in den ganzen Spalt

    b. in den halben Spalt und

    c. zwischen die Rinde.

In Bezug auf a.

Fr. Worin besteht das Pfropfen in den ganzen Spalt?

A. In der Einsenkung des Edelreises in einen Spalt durch die Mitte des Wildlings.

Fr. Wie verfährt man bey dem Pfropfen in den ganzen Spalt?

A. Beym Pfropfen in den ganzen Spalt verfährt man folgendermaßen: Man schneidet oder sägt zuvörderst den zu veredelnden Stamm ab und zwar an einer Stelle, wo die Rinde glatt ist; eben so schneidet man die sich darunter befindlichen Zweige rein weg.

Fr. Was geschieht alsdann?

A. Darauf nimmt man ein Edelreis, das mit der Dicke des Wildlings in gehörigem Verhältnisse steht, nämlich etwas dünner ist, und schneidet von demselben ein Stück mit 3 bis vier Augen ab.

Fr. Wie wird nun dieses Stück Edelreis beschnitten?

A. Dieses wird nun vom untersten Auge abwärts mit einem scharfen Okulir- oder starken Federmesser keilförmig

3

nur dann bis auf das Mark zugeschnitten, wenn das Edel=
reis im Verhältniß des Wildlings dicker wäre, so daß die
dem untersten Auge entgegengesetzte Seite, welche innerhalb
des Spaltes zu stehen kömmt, um die Hälfte dünner als
jene ist; und das kleine Rindenstückchen wird vorsichtig ab=
genommen. Nun kann man entweder das so zubereitete
Edelreis lassen, (wie die Fig. 1. T. I. zeigt,) besonders
wenn es dünn ist, oder man schneidet noch einen Absatz
oder Sattel daran. (Nach der Fig. 2. T. I.)

In diesem Falle macht man zu beyden Seiten, etwas un=
terhalb des Auges, Querschnitte und schneidet die sich da=
durch ergebenden Stückchen fleißig aus, daß die beyden
Schnitte eine ebene, glatte Fläche bilden.

Fr. Was geschieht, nachdem das Edelreis zu=
geschnitten?

A. Nachdem das Reis zugeschnitten ist, wird nun der
Wildling schnell zubereitet; aus der Ursache schnell, damit
das schon zugeschnittene Edelreis, so wie auch der Grund=
stamm nicht vertrocknet, welches leicht daran zu erkennen ist,
wenn die beschnittenen Theile braun werden. Die Oberfläche
des Grundstammes wird nochmals glatt geschnitten und dann
mit dem Gartenmesser, oder wenn der Stamm sehr dick ist,
mit einem Meißel mitten durch das Mark vorsichtig und
nur so weit gespalten, daß das Edelreis eingeschoben werden
kann. (Man macht diesen Spalt am besten, wenn die Stämm=
chen nicht zu stark sind, mit einem gelinden Druck auf das
Messer.)

Fr. Wie wird das Edelreis eingerichtet und
verbunden?

A. Nachdem das Messer oder der Meißel eingetrieben ist,
läßt man es in dem Spalte stecken und zwängt damit den
Spalt so weit auseinander, daß man das Edelreis bequem
einrichten kann. Dieses geschieht, indem man die auf der
Kante befindliche grüne Rinde ihrer ganzen Länge nach auf

beyden Seiten an die des Grundstammes genau anpaßt.
Wenn nun das Edelreis auf die eben erwähnte Art genau
eingesetzt ist, zieht man das Messer oder den Meißel behutsam
heraus, umgibt die ganze Pfropfstelle so mit einem Pflaster
von Baumwachs oder Kitt, (*) daß alle Wunden, selbst der
obere Abschnitt des Reises, gegen die Einflüsse der Witterung verwahrt sind, bedeckt das Baumwachs oder den Kitt
mit einem Lappen von Papier oder alter Leinwand und
verbindet sie auch noch wohl mit Bast, abgelösten Weiden-
schalen ꝛc.

_____

(*) Anmerkung. Es gibt verschiedene Arten von Baumwachs, welche
beym Pfropfen oder Kopuliren angewendet werden, und man
bedient sich entweder eines kalten, harten, oder eines warmen
flüssigen. Ersteres besteht aus einem Pfunde gelben Wachses,
eben so viel dicken Terpentin, einem halben Pfunde weißen Pe-
ches und einem Vierlinge Hammeltalge. Dieses Gemische läßt
man nun in einem irdenen Topfe (Tegel) über Kohlenfeuer zer-
schmelzen, rührt es fleißig um und macht, nachdem es erkaltet ist,
mit befeuchteten Händen runde Stangen oder Kuchen daraus.
Will man sich dessen bedienen, so bedarf es weiter nichts, als sie
mit den Händen zu erweichen und an den Gegenstand anzu-
kleben. Dieser Kitt ist an solchen Orten gut, wo man keine
Gelegenheit hat, das Baumwachs durch Feuer zu erweichen. Wo
man aber dieß thun kann, ist folgende Mischung besser, nämlich: Man nehme ein Pfund weißes, ¼ Pfund schwarzes Pech,
zwey Unzen Harz und eine halbe Unze Hammelstalg, lasse dieß
in einem irdenen, besser aber in einem eisernen Topfe bey mäßiger
Wärme schmelzen und erwärme es, so oft man es braucht, auf
einer Gluthpfanne. Nachdem es geschmolzen, streiche man die
verwundete Stelle damit mittels eines Pinsels an, wobey aber in
Acht zu nehmen ist, daß das Wachs nicht zu heiß aufgetragen werde.

Außer den verschiedenen Baumwachsen gibt es auch Baum-
salben oder Baumkitten, die mehrentheils aus Erde bestehen und
dieselben Dienste leisten, wie das Wachs. Der einfachste besteht
aus einem Gemische von Lehm und Kuhkoth, wird aber leicht
durch Regenwetter abgespült. Man zieht daher den Forsyth'schen,
als allgemein anerkannten guten, vor; er besteht aus vier Theilen
Kuhkoth, 2 Theilen fein gesiebtem Urbau, (alter Kalk mit Lehm
vermischt) oder Kalkschutt, 2 Theilen hölzerner Holzasche und ein
wenig feinem Flußsand. Alles dieses wird wohl durcheinander
gemischt und oft geknetet; alsbann kann man sich dessen zum Anstreichen auf Wunden (in manchen Fällen vortheilhafter, als mit
Baumwachse) bedienen.

Um seiner Sache sicher zu seyn, kann man auf Wildlinge, die über einen Zoll dick sind, 2 Edelreiser setzen. Wie
auf T. 1 Fig. 3 zu sehen ist.

In Bezug auf b.

Fr. Wie verfährt man beym Pfropfen in den
halben Spalt?

A. Das Verfahren des Pfropfens in den halben Spalt
geschieht fast auf dieselbe Art, wie jenes in den ganzen;
ausgenommen daß der zu veredelnde Stamm nur auf einer
Seite oder zur Hälfte gespalten wird; wie die Fig. 4. T. I. zeigt.
Dieses geschieht, indem man das Gartenmesser auf einer glatten
Seite des Grundstammes aufsetzt, behutsam eintreibt, (damit
der Spalt nicht zu groß wird, oder gar durchreißt) und darnach
das auf obige Art zugeschnittene Edelreis einsetzt und befestiget.
Diese Art zu pfropfen, wendet man mit Vortheil bey nicht
gar dünnen Stämmchen an; sie hat vor ersterer den Vorzug,
daß die Wunde des Wildlings nicht zu groß wird und dem
zu Folge schneller und schöner verwächst.

In Bezug auf c.

Fr. Wie verfährt man bey dem Pfropfen zwischen die Rinde?

A. Man sägt den zu veredelnden Stamm ebenfalls an
einer glatten Stelle der Rinde, aber sehr vorsichtig, quer
durch ab, damit sich die Rinde nicht ablöst, und schiebt nun
das Edelreis zwischen das Holz und die Rinde, statt in den
Spalt.

Fr. Wie wird das Edelreis hierzu geschnitten?

A. Es erhält ebenfalls eine Länge von 3 bis 4 Augen,
wird aber hinter dem untersten Auge quer, fast bis auf das
Mark eingeschnitten; dann von unten nach diesem Querschnitte zu gespalten und recht eben beschnitten; dadurch entsteht der Absatz oder Sattel. Nun wird der übrige Theil

nach der Form eines Zahnstöchers an den beiden Seiten des Auges keilförmig zugeschnitten, aber so, daß der vordere Theil unter dem Auge unbeschädigt bleibt. Von diesem löst man die braune, trockne Rindenhaut sorgfältig weg, so daß die innere grüne Rinde geschont wird, weil durch diese das Zusammenwachsen des Edelreises mit dem Wildling veranlaßt wird, und dann sieht das Reis aus, wie die Fig. 1. T. II. zeigt.

Fr. Wie wird der Wildling behandelt und wie das Edelreis eingesteckt?

A. Nachdem das Reis zubereitet ist, treibt man an der Stelle, wo es eingesetzt werden soll, ein keilförmiges, nach der Form des zugeschnittenen Reises aus hartem Holz, besser aber von Bein verfertigtes Instrument zwischen die Rinde und das Holz so hinein, daß sich diese vom Holze ablöst, (wie bey a. Fig. 2. T. II. zu sehen ist,) und alsdann schiebt man das keilförmig zugeschnittene Ende des Pfropfreises dergestalt in die gemachte Kluft ein, daß jene saftige grüne Rinde des Keils mit der innern Rinde des Grundstammes in genaue Berührung kömmt. Wenn das Reis eingesetzt ist, werden die verwundeten Stellen mit Baumsalbe sorgfältig verschmiert und, wie beym Pfropfen in den Spalt, gehörig verbunden.

Fr. Bey welchen Bäumen ist diese Pfropfart besonders anzuwenden?

A. Diese Art zu pfropfen ist bey dicken, starken oder alten Bäumen, die man umzupfropfen oder mehrere Sorten darauf zu bringen wünscht, vorzüglich anwendbar, indem sie fast nie fehl schlägt und weniger gewaltsam und gefährlich für die Stämme ist, als das Pfropfen in den Spalt. Bey erwachsenen Bäumen kann man mehrere Aeste zugleich vornehmen und auf die eben angegebene Art mehrere Edelreiser in 2 bis 3 Zoll weite Entfernungen rings um den Ast setzen. Das unangenehme hat diese Pfropfart, daß die Edelreiser, nachdem sie gewachsen, leicht vom Winde ausgebro-

chen werden, weswegen man sie während des Sommers
öfter anbinden muß, und daß an den Stellen, wo die Reiser sitzen, gerne Auswüchse entstehen. Ist aber der Baum
noch nicht alt, so verwachsen diese nach und nach wieder mit
dem übrigen Holze.

Fr. Was versteht man unter Kopuliren?

A. Unter Kopuliren versteht man diejenige Art von
Pfropfen, bey welcher das Edelreis schief zugeschnitten und,
statt in den Spalt oder zwischen die Rinde, an die entspre-
chend zugeschnittene Endfläche des zu veredelnden Stammes
gleichsam angepappt oder angepflastert wird, und unterscheidet sich dadurch von dem Pfropfen im eigentlichen Sinne.

Fr. Gibt es, so wie vom Pfropfen, auch mehrere Arten vom Kopuliren?

A. Allerdings kann das Kopuliren auf verschiedene Arten verrichtet werden, allein die vortheilhaftesten zwey sind,
je nachdem sich die Dicke des Wildstammes zu der des Edelreises verhält, folgende, nämlich: 1. wenn beyde von gleicher
Dicke sind, oder 2. der Wildling beträchtlich dicker ist, als
das Reis.

Zu 1. **Fr.** Wie verfährt man im ersten Falle?

A. Wenn das Edelreis von gleicher Dicke des Wildlings ist, so wird, nachdem man alle Zweige unterhalb der
Veredlungsstelle weggeschnitten hat, das Stämmchen sowohl,
als das Edelreis, durch einen glatten, schrägen, 1 bis
1¼ Zoll langen Schnitt, welcher mit einem recht scharfen
Messer vollführt wird, abgeschnitten; (nach der Art, wie die
Fig. 1. T. III. zeigt.) Nun paßt man das Edelreis mit
seinem Schnitte so genau auf die Schnittfläche des Wildlings,
daß sich auf allen Punkten Rinde auf Rinde und Holz auf
Holz berühren und genau aufliegen. Ist dieß nicht der
Fall, so muß man da, wo es nicht gut aufliegt, nachhelfen.

Fr. Was geschieht nachher?

A. Nun beruht noch die Hauptsache auf dem guten Verbinden. Dieses geschieht, indem man mit dem Daumen und dem Zeigefinger der linken Hand das Edelreis und den Wildling fest hält, mit der rechten Hand ein Band um die Kopulirstelle schlägt, dieses, so weit der Kopulirschnitt geht, fest und behutsam herumwickelt, (damit das Reis nicht im mindesten in seiner Lage verrückt wird) so, daß alle beschnittene Theile gehörig bedeckt sind, und alsdann mit dem andern Ende des Bandes befestiget. Auf dem obern Abschnitte des Edelreises wird wie beym Pfropfreis ein wenig Baumwachs oder Kitt aufgeklebt. Zur Sicherheit ist es gut, wenn man den veredelten Stämmchen Stöckchen oder Pfählchen gibt und sie daran, doch nicht zu fest, bindet. (*)

Zu 2. Fr. Wie verfährt man im zweyten Falle?

A. Wenn die Stämmchen dicker als die Edelreiser sind, so schneidet man an dem in die Quere abgeschnittenen Wildling einen Streifen Rinde mit etwas Holz aus, etwas breiter als das Edelreis dick ist und paßt dieses, wenn es geschnitten, daran.

Das Edelreis wird, so wie beym Pfropfen zwischen die Rinde, geschnitten, aber nur einen Zoll lang, und die Rinde unter dem Auge darf nicht abgelöst werden. (Es sieht aus, wie die Fig. 2. T. III. zeigt.) Nun paßt man das Edelreis so auf den Längeschnitt des Wildlings, daß der Sattel desselben auf der Oberfläche aufsitzt, und auf beyden Seiten des Edelreises ein linienbreiter Strei-

(*) Anmerkung. Die hiezu nöthigen Bänder macht man entweder von alter Leinwand, indem man geschmolzenes Baumwachs gleichförmig darüber hinstreicht und nach dessen Erkaltung die Leinwand in daumenbreite Riemen von 9—10 Zoll Länge schneidet; oder auch von starkgeleimtem auf die nämliche Weise angestrichenem Papiere oder man bedient sich statt dessen durch geschmolzenes Baumwachs gezogenen wollenen Garns.

fen von dem Längeschnitte des Wildlings, wie die Figur 3 auf der III. Tafel deutlich darstellt, zu sehen ist. Daraus geht das Gute hervor, daß sich in diese 2 schmale Zwischen= räume der aus dem Wildlinge aufsteigende Bildungssaft sogleich anlegt und das Verwachsen des Edelreises mit dem Wildlinge befördert. Alsdann wird das Reis mittelst eines Wachsbandes oder starken Bastes an den Wildling sorgfäl= tig festgebunden, (damit es sich nicht verschiebt) und die übrigen Wunden fleißig mit Baumwachs oder Kitt ver= strichen.

Fr. Unter welchem Namen (Ausdruck) ist diese Kopulirart bekannt?

A. Diese Verfahrungsart heißt man auch Anpflastern oder Kopuliren mit dem Klebreise und ist vorzüglich bey Johannisstämmchen und Quitten von gutem Erfolge, eben so auch bey Hochstämmen.

Fr. Wann darf der Verband aufgelöset wer= den?

A. Nach einigen Monaten wird sich der Wildling mit dem Edelreis zwar verwachsen haben; man darf aber das Band erst gegen Herbst öffnen und dann ist es am besten, man schneidet es vorsichtig der Länge nach auf und über= läßt es der Natur des Stämmchens, welches, wenn es sich ausdehnt, oder dicker wird, den Verband alsdann leicht aufschiebt. Indessen müssen die kopulirten Stämmchen doch öfter untersucht werden, indem manchmal welche darunter sind, die sehr rasch und üppig wachsen; daher auch der Ver= band früher aufgelöst werden muß. Geschieht dieß nicht, so entstehen oberhalb oder unterhalb der kopulirten Stelle Wülste (ungewöhnliche Auswüchse der Rinde) und das Edel= reis lauft Gefahr, von dem geringsten Winde abgebrochen zu werden.

Fr. Welche Vortheile gewährt das Kopuliren?

A. Das Kopuliren ist eine der leichtesten und vorzüg= lichsten Vermehrungsarten, ist bald verrichtet und läßt sich unter den erforderlichen Bedingnissen bey allen Obstsorten anwenden. Wenn nämlich, wie schon erwähnt wurde, das Edelreis von gleicher Dicke mit dem Wildlinge, oder doch nicht viel dicker ist, so kann man zweyjährige, oftmals schon einjährige Wildlinge mit Vortheil kopuliren. Ferner verwachsen sich kopulirte Bäumchen schneller und besser als gepfropfte, besonders wenn die Kopulation nahe am Boden gemacht wurde; man bekommt deswegen schönere und dauerhaftere Stämmchen und der Besitzer großer Obstbaumschulen hat den wesentlichen Vortheil, daß man diese Veredlungsart das ganze Jahr hindurch mit gutem Erfolg anwenden kann.

Fr. Wann sollen die Edelreiser zum Kopuliren geschnitten werden?

A. Die Edelreiser werden zum Kopuliren zu verschiedenen Zeiten des Jahres geschnitten und zwar, für das Kopuliren von Herbst an (wenn das Laub gefallen) bis in den Monat Juni, nimmt man entblätterte, keine zu dünne, nach der frühern gegebenen Vorschrift beschaffene Edelreiser und bewahrt sie auch, so wie die Pfropfreiser, auf.

Kopulirt man aber während des Sommers, so werden die Reiser jedesmal frisch vom Baume dazu geschnitten. Man nimmt zu diesem Zwecke ziemlich starke Zweige mit ihren Blättern und guten Knospen (oder Augen) versehen; die Blätter werden bis zum Blattstiele abgeschnitten und das Kopuliren sogleich vorgenommen. Wird die Veredlung gut verrichtet und durch das Wetter begünstigt (es darf keine Trockne eintreten) so gelingt sie; mit sichererm Erfolg wird sie mit dem schlafenden Reis im Herbste, Winter oder Frühjahr gemacht.

II. Das Ablactiren, Absäugen.

Fr. Was versteht man unter Ablactiren?

A. Unter dieser Vermehrungsart, welche für die älteste (*) und sicherste gehalten wird, versteht man die Verbindung

---

(*) Das Ablaktiren (Absäugen) ist nicht allein die älteste, sondern auch vermuthlich die Stammart aller übrigen Veredlungsarten.

eines Wildlings mit einem Edelreis auf eine solche Art, daß das Edelreis erst dann, nachdem es gehörig mit dem Wildling verwachsen ist, von seinem Mutterbaum getrennt wird und unterscheidet sich dadurch vom Pfropfen und Kopuliren wesentlich.

Fr. Unter welchen Bedingungen kann diese Vermehrungsart angewendet werden?

A. Der Mutterbaum muß wo möglichst eine Pyramidal-Form haben oder so gebildet seyn, daß man seine Aeste, an die um ihn stehenden Wildlinge bequem neigen kann, (wie die Fig. 2. auf der IV. T. zeigt.) Ferner ist nothwendig, daß die zu veredelnden Wildlinge zum wenigsten ein Jahr vorher so um den zu vermehrenden Mutterbaum gepflanzt werden, daß die Zweige desselben ohne allen Zwang angenähert werden können.

Fr. Welches sind die gebräuchlichsten Arten des Ablactirens?

A. Die gebräuchlichsten sind folgende zwey: a. die eine beruht auf dem Verfahren des Propfens in den Spalt und die zweyte b. auf dem des Kopulirens.

Fr. Wie verfährt man bey der ersten Art?

A. Man nähert zuerst den Edelzweig an den Wildling, um zu sehen, ob er bequem auf denselben kann gesetzt werden; im entgegengesetzten Falle muß man den Wildling mittelst einer schiefen Richtung durch einen Pfahl dem Mutterbaume näher zu bringen suchen. Nach diesem schneidet man den

---

Die Geschichte erzählt folgendes davon. Man fand nämlich die Aeste zweyer verwandter Bäume so mit einander vereinigt, daß diese zwey Aeste gleichsam an dem Orte der Vereinigung nur einen Stamm zu bilden schienen, und einer derselben ohne seinen Unterstamm füglich fortleben konnte. (Dergleichen Naturspiele findet man häufig in Wäldern.) Waren nun dieses vielleicht zwey verschiedene Aepfel = oder Pflaumensorten rc. so gab die lehrreiche Natur dem Menschen das erste Beyspiel, nicht allein zu dieser Veredlungsart, sondern auch zugleich den Fingerzeig zur Erfindung aller übrigen.

Wildling über der zu veredelnden Stelle ab und beschneidet den Edelzweig (der zum wenigsten aus zweyjährigem Holze bestehen muß) gerade so wie beym Pfropfen in den Spalt, nur mit dem Unterschiede, daß der beschnittene Theil weniger keilförmig und so beschnitten werden muß, daß das Reis noch mit dem Mutterstamme verbunden bleibt. Wenn dieß geschehen, wird der Wildling eben so wie beym Pfropfen in den halben Spalt zubereitet, nämlich auf der Seite, wo das Edelreis zu stehen kommt, gespalten. (Sieh Fig. 1. T. IV.) Alsdann nähert man den Edelzweig so zu dem Wildlinge, daß der keilförmig beschnittene Theil bequem eingesetzt werden kann, wobey wieder acht zu geben ist, daß Holz auf Holz und die grüne Rinde des Edelreises genau auf die des Wildlings paßt. Nachdem das Edelreis auf diese Weise genau eingesetzt ist, muß man es in dieser Richtung mit der linken Hand festhalten und mit der rechten gut verbinden. Dieses geschieht entweder durch mit Baumwachs bestrichene Bänder oder wollenes Garn, oder mit gutem Baste und zwar so, daß der untere Theil nicht weichen kann und der Edelzweig fest in seiner gegebenen Richtung bleibt. Darauf werden die Wunden mit Baumwachs gut verstrichen und zur Sicherheit das veredelte Stämmchen mit einem Pfahle versehen.

Fr. Wie verfährt man bey der zweyten Art?

A. Bey der zweyten Art werden der Wildling und der Edelzweig grade so, wie beym Kopuliren geschnitten, nur mit dem Unterschiede, daß der Grundstamm nicht abgeschnitten wird, sondern von diesem wird, wie vom Edelzweig, wenn beyde einerley Dicke haben, ein Stückchen Rinde mit Holz bis auf das Mark, 2 Zoll lang recht glatt abgeschnitten. Ist der Grundstamm aber dicker als der Edelzweig, so wird von dem Grundstamm nur so viel abgeschnitten, als die Dicke des Edelzweiges beträgt. Alsdann werden beyde beschnittene Theile recht genau auf einander gepaßt, (wie Fig. 2. T. IV. darstellt) verbunden und diese Theile mit Baumwachs verschmiert und zur Sicherheit der Grundstamm sammt dem Edelzweige mit einem Pfahle versehen.

Fr. Wann darf man den Edelzweig vom Wildstamme trennen?

A. Beym Ablactiren verwächst sich der Edelzweig mit dem Wildling sehr bald; indessen ist es rathsamer, den Edelzweig doch erst im Herbste zu trennen. Alsdann schneidet man ihn sehr vorsichtig mit einem scharfen Messer an dem Orte rein ab, wo die Verbindung mit dem Wildlinge anfängt; eben so auch den noch über der Veredlung stehenden Theil des Wildlinges. Darauf werden diese Schnitte oder Wunden mit Baumwachs verstrichen und der Verband etwas aufgelockert, aber nur dann erst völlig weggenommen, wenn sich der Edelzweig mit dem Wildlinge innig verwachsen hat.

Fr. Welche Vortheile gewährt das Ablactiren?

A. Obgleich diese Vermehrungsart im Allgemeinen in Obstbaumschulen nicht häufig angewendet wird, so gewährt sie doch vielleicht manchem Liebhaber der Obstbaumzucht Nutzen. Die Vortheile, welche durch diese Veredlungsart erzielt werden, sind folgende: 1. das sichere Anwachsen des Edelzweiges, 2. daß man auf diese Art früher tragbare Bäume bekommt; und 3. wirkt das Ablactiren sehr vortheilhaft auf die Früchte.

Zu 1. Fr. Aus welcher Ursache wird das Anwachsen des Edelzweiges beym Ablactiren mit Sicherheit erzielt?

A. Das sichere Gelingen wird dadurch begünstigt, daß dem Edelzweige, so lange er mit dem Mutterstamme verbunden ist, noch immer Nahrungssäfte zugeführt werden, derselbe also, im Falle die Säfte des Grundstammes ins Stocken gerathen, frisch und lebend erhalten wird und sogar fortwächst. Ebenso wird das Verwachsen durch die reichlich zuströmenden Säfte der beiden Theile befördert.

Zu 2. Fr. Wie wird die Tragbarkeit der Grundstämme durch das Ablactiren begünstiget?

A. Die frühere Tragbarkeit der Grundstämme wird befördert, weil, indem man beym Ablactiren 2 oder 3jährige Aeste sammt ihrem Fruchtholze wählt und diese auf hochstämmige Wildlinge ablactirt, diese nicht nur sogleich Kronen erhalten, sondern oft schon im darauffolgenden Jahre Früchte tragen. Oder ablactirt man die Grundstämme nahe am Boden, so kann man sie gleich darnach zu Zwergbäumen oder Topfbäumen verwenden und diese tragen in jedem Falle wieder früher, als andere Bäume, Früchte.

Zu 3. Fr. Welchen Einfluß hat das Ablactiren auf die Früchte?

A. Der Einfluß, den das Ablactiren auf die Verbesserung der Früchte hat, gründet sich physiologisch auf die Mittheilung und Vereinigung der Säfte zweyer oder mehrerer veredelter, durch Ablactiren vereinigter Bäume, derer zufolge die Früchte besser werden müssen. Der Naturforscher Knigth in London hat hierüber sehr merkwürdige Versuche angestellt, welche diesen Grundsatz sehr günstig bestättigten, und man lese seine Abhandlungen hierüber in den Schriften der Gartenbau-Gesellschaft zu London.

Fr. Was kann man, außer dem noch durch diese Veredlungsart bewerkstelligen?

A. Durch diese Vermehrungsart kann man ferner fehlende Aeste bey Pyramiden- oder Spalierbäumen ersetzen, indem man die in der Nähe stehenden an solche Stellen auf dem Stamm ablactirt, dadurch die Lücken ausfüllt und dem Baume seine schöne Form wieder ersetzt. Ebenso kann man durch das Ablactiren die Stämme zweyer oder mehrerer nebeneinander stehenden Bäume vereinigen, indem man von beyden einen gleichgroßen Rindenstreif mit etwas Holz wegschneidet, die beschnittenen Stellen genau mit einander vereinigt und mit Bast fest umwickelt.

Auf diese Art kann man z. B. mehrere Sorten auf einen Platz pflanzen, als mit einfachen Bäumen möglich ist; man erhält kräftigere Bäume, weil jeder Doppelbaum zwar äußerlich nur einen Stamm hat, innerlich aber aus zweyen und zwey Wurzelstöcken besteht; und dieser Vortheile gibt es noch viele, die alle aufzuführen hier der Ort nicht ist.

Fr. Zu welcher Zeit kann man ablactiren?

A. Man kann das ganze Jahr hindurch ablactiren, mit besserem Erfolge aber zu den Zeiten, ehe die Säfte in Bewegung treten, vor dem Austreiben der Blätter und dann, wenn der Saft zum zweytenmale in Bewegung kömmt nach Johannis ꝛc. indem während des starken Treibens durch die Verwundung der beiden Theile, besonders wenn trocknes oder warmes Wetter eintritt, der Edelzweig leicht welken könnte.

B. Vom Veredlen durch Edelaugen.

Das Okuliren oder Aeugeln.

Fr. Was versteht man unter Okuliren oder Aeugeln?

A. Unter Okuliren oder Aeugeln versteht man diejenige Veredlungsart, bey welcher nicht ein Edelreis mit mehreren Augen, sondern nur ein getrenntes Auge vom Sommertriebe eines edlen Zweiges unversehrt genommen und auf den Wildling oder Grundstamm genau angepaßt wird.

Fr. Wie vielerley Arten gibt es?

A. Das Okuliren zerfällt nach den Zeiten, in welchen es vorgenommen wird, in zwey Abtheilungen; nämlich 1. das Okuliren auf das treibende und 2. auf das schlafende Auge.

Zu 1. Fr. Wann okulirt man auf das treibende Auge?

A. Das Okuliren auf das treibende Auge wird gewöhnlich um Johannis vorgenommen, wenn nämlich der

Sommertrieb schon etwas verholzt oder ausgebildet ist; es geschieht mehrentheils im jungen Holze und dient vorzüglich zum Veredlen in die Krone der Bäume. Dazu bereitet man den Grundstamm oder Wildling im Frühjahre vor, indem man ihm alle unbrauchbare Aeste der Krone wegschneidet und nur 3 bis 4 der passendsten stehen läßt, welche aber auch bis auf 2 höchstens 3 Augen zurückgeschnitten werden. Diese werden künftige Triebe bilden, in welche sodann okulirt wird.

Man kann auch schon im Frühjahre aufs treibende Auge okuliren. Hierzu wählt man die Zeit, in welcher die Bäume im vollen Safte stehen, damit sich die Rinde des Wildlings leicht vom Holze ablöse, und Edelaugen von vorjährigen Trieben, in denen der Saft wohl in Bewegung ist, das Aufbrechen der Knospen (oder Augen) selbst aber noch nicht bewirkt hat. Diese Augen treiben noch in demselben Sommer aus und machen oftmals bis zum Winter recht schöne Triebe; deswegen nennt man diese Okulirart, Okuliren aufs treibende Auge.

Zu 2. Fr. Wann okulirt man auf das schlafende Auge?

A. Aufs schlafende Auge okulirt man im zweiten Safte, nämlich von der Mitte Juli's bis September, oder um recht zu sagen, so lange sich die Rinde vom Holze ablösen läßt; denn dieses hängt häufig von der Witterung und selbst von der Art der Bäume ab.

So z. B. verlieren die Steinobstarten den Saft früher als die Kernobstsorten rc. Auch müssen die zum Okuliren bestimmten Sommertriebe des Edelbaumes eine gewisse Reife erlangt haben. (Da diese Augen in demselben Sommer nicht mehr austreiben, sondern erst im Frühjahre darauf, so heißt man sie schlafende Augen.)

Das Okuliren aufs schlafende Auge hat vor dem aufs treibende viele Vortheile und ganz besonders in Bayern. Denn erlangt das Holz der Triebe dieser Okulirart vor Winter nicht seine gehörige Reife, so leiden sie ge-

meiniglich von den Frösten, welches in Altbayern häufig geschieht, weil die Herbstwitterung gewöhnlich zu warm ist
deswegen die Triebe zu wachsen nicht aufhören und dann
durch die große Kälte des Winters getödtet werden. Dieser
Gefahr ist man aber beym Okuliren aufs schlafende Auge
nicht ausgesetzt.

**Fr. Wie müssen die zu okulirenden Stämme
beschaffen seyn?**

A. Dieselben sollen gesund und jung seyn, eine glatte,
recht saftige Rinde haben und in keiner zu schattigen, dum-
pfen Lage stehen, indem sonst die Augen nicht gut anschlagen.

**Fr. Wie müssen die Edelreiser beschaffen
seyn und wann sollen sie geschnitten
werden?**

A. Die Edel- oder Okulirreiser müssen, um auf einen
guten Erfolg rechnen zu können, von gesunden, fruchtbaren
jungen Bäumen genommen werden. Man nehme keine
Wasserloden, die gewöhnlich in der Mitte der Bäume auf-
schießen, sondern solche Sommerschüsse, die zeitig und mit
vollkommenen Laubaugen versehen sind. (Die Augen in der
Mitte des Reises sind gewöhnlich die besten.) Man schneide
sie am vortheilhaftesten vor ihrem Gebrauch; muß man sie
aber einige Tage aufbewahren, so stecke man sie in saftige
Früchte, als Kürbisse ꝛc. oder in deren Ermanglung ins
Wasser; sollen sie verschickt werden, so muß man sie, um
das Austrocknen zu verhüten, in feuchtes Moos packen.

**Fr. Wie verfährt man nun beym Okuliren
selbst?**

A. Vorerst schneide man, wenn im Sommer okulirt
wird, sämmtliche Blätter, bis auf den Blattstiel, vom Okulirreise weg; alsdann wird das einzusetzende Auge an dem
Edelreise zurecht geschnitten und zwar wie folgt.

Man wähle zum Okuliren, wie schon bemerkt wurde,
die mittlern Augen des Reises, mache mit einem scharfen

Okulir= oder andern Messer über dem Auge vorerst einen Quer=
schnitt durch die Rinde bis auf's Holz, dann von diesem
aus, längs der beyden Seiten des Auges, einen in der Art
gebogenen Schnitt, daß sich diese zwey Schnitte etwas unter=
halb des Auges in eine Spitze vereinigen, oder kreuzen, und
das Ganze aussieht, wie die Fig. 3. T. II. zeigt. (Dieses Stück=
chen Rinde, worauf das Auge sich befindet, nennt man Schild=
chen.) Nachdem nun das Schildchen mit dem an dem Okulir=
messer befindlichen Beinchen etwas abgelöset worden, wird das
Auge mit dem Daumen und dem Zeigefinger der rechten
Hand ergriffen und schnell durch einen Druck auf die Seite
ausgebrochen. Bey dem Ausbrechen des Auges muß man
vorsichtig zu Werke gehen, damit der Keim oder der Knoten=
ansatz des Auges, den die Fig. 4. bey a. T. II. zeigt, sich nicht
von demselben trenne, sondern unversehrt in dem Schildchen
sitzen bleibe, welches bey Okulirreisern von Pfirschen und
Kirschen sehr leicht geht. Denn im Falle dieser Knotenansatz
auf dem Holze geblieben und auf der Rückseite des Schild=
chens fehlt, welches an dem dadurch entstandenen Löchelchen
zu erkennen ist, und die Fig. 5. bey b. T. II. zeigt, so taugt
ein solches Auge nichts und darf daher zur Veredlung nicht
genommen werden: weil dieses Theilchen gleichsam die Wur=
zel des Auges ist und dasselbe ohne diese nicht fortwachsen
kann. Daher löse man die Augen solcher Okulirreiser von
Obstsorten, die sich mit dem Knötchen nicht gut ablösen,
mittelst eines Abschiebers, eines eigens dazu gemachten
Instrumentchens, ab, oder man schneidet, was am sichersten
ist, das Auge von oben herab so aus, daß ein wenig Holz
in dem Schildchen an der Stelle des Auges sitzen bleibt.
Die Erfahrung hat gelehrt, daß solche, mit etwas Holz ver=
sehene Augen sicherer, als jene ohne Holz anwachsen.

Man kann auch das Auge gerade auf die umgekehrte
Weise ausschneiden, daß nämlich der Querschnitt statt über,
unter dem Auge zu stehen kömmt; alle die übrigen Schnitte
bleiben dieselben. Das zubereitete Auge bleibt indessen auf
dem Okulirreise sitzen, bis auch der Wildstamm zubereitet
ist, damit es an der Luft oder Sonne nicht vertrocknet.

An dem Wildling sucht man eine passende, glatte Stelle der Rinde, schneidet diese nach der Quere (siehe Fig. 6. bey c. T. II.) und in senkrechter Richtung der Länge nach (siehe dieselbe Fig. bey d.) so weit auf, als das Schildchen des Auges groß ist. Darauf löset man mit dem Beinchen, nach dem herunterlaufenden Schnitte die Rinde vorsichtig vom Holze los, damit das markige Häutchen, das den Splint umgibt, nicht verletzt wird, weil sonst das Auge nicht gern anwächst. Nun wird das Auge vom Okulirreise abgelöst und zwischen die beyden abgelösten Rindestückchen und das Holz eingeschoben, so daß der breite Theil des Schildchens gerade an den Querschnitt zu stehen kömmt. (Siehe Fig. 6. bey e. T. II.)

Darauf wird die Wunde sorgfältig mit Bast oder auch wollenem Garn verbunden; aber Acht zu geben ist, daß das Schildchen gut auf dem Stamme und auf dem Querschnitte aufsitzt und die beyden Rindenflügel durch den Verband flach angedrückt werden, doch so, daß das Auge frey bleibt. Zu diesem Ende macht man den Verband folgendermaßen. Man legt den Baststreifen zuerst über den Querschnitt und fährt damit um das Stämmchen; so, daß sich die zwey Bastenden hinterhalb des Querschnittes kreuzen, alsdann fährt man mit beyden Enden wieder so hervor, daß sie sich gerade unterhalb des Auges kreuzen und somit das Auge fest auf den Stamm drücken; nun läßt man das kurze Endchen bey Seite und fährt mit dem längern so oft um das Stämmchen, bis der Längeschnitt umwunden ist, alsdann fährt man mit demselben in der Art zurück, daß sich die Bänder auf dem Schildchen kreuzen und endiget den Bund mit dem kurzen Theil hinterhalb des Schildchens. Ist dieß geschehen, so ist die Arbeit fertig und die okulirte Stelle sieht aus, wie die Fig. 6. bey f. auf der II. Tafel zeigt. Diese ganze Arbeit muß aber so geschwind, als nur möglich, verrichtet werden, damit der Keim des Auges nicht austrocknet, welches beym Steinobste sehr leicht geschieht.

Fr. Wann darf der Verband weggenommen werden?

A. Nach Verlauf von 14 Tagen oder vier Wochen wer-

den die Stämmchen an der veredelten Stelle aufschwellen
und der Verband die Rinde dort einschneiden; so bald man
dieses bemerkt, muß man denselben so viel lüften oder öffnen, daß sich die Rinde ausdehnen und die Säfte frey und
ungestört zirkuliren können, doch mit der Vorsicht, daß das
Schildchen wie zuvor bedeckt ist. Bey den aufs treibende
Auge okulirten Stämmchen kann man gegen den Spätsom-
mer oder im Herbste den Verband gänzlich abnehmen, der
bey den schlafenden Augen aber verbleibt am besten, bis
zum künftigen Frühjahre.

Fr. Worauf beruht das sichere Gelingen
aller dieser Veredlungsarten?

A. Der sichere Erfolg aller dieser Veredlungsarten beruht auf folgenden Grundsätzen: Bey dem Verfahren selbst
tritt das Sprichwort ein: „Uebung macht den Meister;"
denn blos durch das öftere Verrichten erlangt man auch
hierin Fertigkeit und Geschicklichkeit und es gehört zum We-
sen des Veredlens, daß die ganze Arbeit schnell und mit
Vortheil gemacht wird, weil sonst im entgegengesetzten Falle
die beschnittenen Holztheile, die aufgelöste Rinde ꝛc. vertrocknen und dann ist der Erfolg schon zweifelhaft. Daher
soll man beym Veredlen die Witterung auch wohl berücksichtigen und bey rauhem, kaltem oder regnerischem Wetter
nicht pfropfen, noch kopuliren ꝛc.; weil das in die Wunden
eindringende Regenwasser schädlich ist; und besonders bey
zu großer Hitze nicht okuliren. Man wähle bey solcher an-
haltenden, warmen, trocknen Witterung die Morgen- oder
Abendstunden, setze auch die Edelreiser oder Augen auf den
Grundstamm nicht nach der Mittagsseite; sondern gegen Mit-
ternacht, weil sie da der Sonne weniger ausgesetzt sind.
Das Pfropfen und Kopuliren kann man im Winter oder
Frühjahre, bey ungünstiger Witterung sogar in der Stube
vornehmen und man verfährt dabey folgendermaßen. Die
zu veredelnden Stämmchen werden im Herbste sorgfältig
ausgegraben, damit keine Wurzel beschädiget wird, und darauf bis zum Veredlen wieder gut in die Erde eingeschlagen.

4 *

Wenn man nun diese Arbeit vornehmen will, so nimmt man sich jedesmal eine gewisse Anzahl Bäumchen in eine mäßig erwärmte Stube, veredelt sie allda weit bequemer und besser, als in der Baumschule, und nachdem eine Parthie veredelt ist, schlägt man sie wieder in die Erde und läßt sie allda bis zu einer günstigen Zeit, um sie in die Baumschule pflanzen zu können. Sind es Kirschen, Abrikosen oder andere Sorten, die gewöhnlich früh austreiben, und es sind noch Spatfröste zu befürchten, welche diesen schaden könnten, so schlage man lieber solche veredelte Stämmchen in große, mit feuchter Erde gefüllte Töpfe oder Kasten ein, stelle diese an einen frostfreyen, vor der Sonne geschützten Ort, und lasse sie allda bis zum Verpflanzen in die Baumschule, stehen. Die Erfahrung hat gelehrt, daß von solchen in der Stube gepfropften oder kopulirten Obstbäumchen, wenn sie gut eingepflanzt und eingegossen wurden, oft weniger ausblieben als von denen in der Baumschule veredelten Stämmchen.

Ein sicheres Gelingen oder Anwachsen beruht ferner auf dem fleißigen und genauen Zuschneiden der Edelreiser oder Augen und ganz besonders auf dem Vereinigen derselben mit den Grundstämmen. Ist dieses gut geschehen, so wird der aus dem Wildlinge reichlich aufsteigende Nahrungssaft zum Theil in das Edelreis strömen, der überflüßige aber, sich zwischen Holz und Bast an den Wunden absetzen, verdicken und einen neuen organischen Stoff bilden, den man den Bildungssaft (Cambium *) nennet. Dieser verhärtet und verholzt sich nach und nach und verbindet durch den neuentstehenden Splint die Holzfasern des Edelreises mit denen des Grundstammes.

In Bayern ist es auch rathsam, die schlafenden Augen gegen das im Winter öfter vorkommende Glatteis zu schü-

---

(*) Anmerkung: Cambium ist der eigentliche Bildungssaft. Er schwitzt, nachdem er durch die inneren Naturkräfte der Pflanzen bereitet ist, durch die Bastlagen aus, trennt diese von dem Holzkörper und wird daher die Quelle alles ferneren Wachsthums und der Entstehung aller Theile. Es bewirkt also lediglich der Bildungssaft, als Grundstoff, die Knospenentwicklung und das Anwachsen der Edelreiser und Edelknospen.

ßen, daß man entweder einige, auf 1 Fuß lang abgeschnit-
tene Strohhalmen, oder ein dickes trocknes Baumblatt behutsam vor das Auge bindet.

***

Viertes Kapitel.

Von der Behandlung der veredelten Bäume, in den darauffolgenden Jahren.

Fr. Wie werden die veredelten Bäumchen im
ersten Sommer behandelt?

A. Alle veredelten Bäumchen erfordern nach der Veredlung dieselbe Pflege, wie vorher und oftmals noch grö-
ßere Aufmerksamkeit. Denn es kommt gerade im ersten
Sommer nach der Veredlung sehr darauf an, daß die Bäumchen durch keine nachtheiligen Einwirkungen in ihrem Wachsthume gestört werden, weil sie sich sonst nicht schön ausbilden, und verkrüppeln. Man untersuche im Frühjahre vor
allem den Zustand der Augen der okulirten Stämmchen;
nehme die Bedeckung derselben weg und findet man die
Augen lebend und gesund, so nimmt man den Verband ab,
oder löst ihn an der Seite mittelst eines Messers auf und
schneidet den Wildling einen Daumenbreit über dem veredelten Auge ab. Ist das Auge aber verdorben, so kann man
den Wildling, wenn er dick genug ist, sogleich pfropfen oder
kopuliren, damit keine Zeit verloren geht. Ist er noch nicht
dick genug, so schneidet man ihn unter dem veredelten Auge
ab, damit er desto kräftigere Triebe zum künftigen Okuliren
macht. Dieses ist besonders bey Pflaumenstämmchen von
sehr gutem Erfolge.

Bey den gepfropften oder kopulirten Bäumchen, schneide man alle, unterhalb der Veredlung getriebene Zweige am Stamme rein ab; lüfte den Verband, wenn er die Rinde einschneidet, ein wenig auf, oder löse ihn ganz ab und lege denselben wieder locker um dieselbe Stelle. Man versehe die am Boden gepfropften Bäumchen, welche stark getrieben haben, mit Pfählen und hefte sie daran; diejenigen Pfropfreiser, welche auf Hochstämme aufgesetzt sind, befestige man ebenfalls an Stäbe, die an dicken Aesten oder dem Stamme festgebunden werden. Man sehe auch öfter, besonders des Morgens und Abends nach, ob etwa die Augen der Edelreiser von Insekten heimgesucht werden, besonders von den gefährlichen Rebstechern. (Curculio argentatus L.*) In dem Falle muß man sie sorgfältig aufsuchen und tödten, indem diese oft die Augen gänzlich ausfressen.

Treiben die Edelreiser unten mehrere Seitenäste, so stutze man die Enden derselben im Monat Juli ab, schneide sie im darauffolgenden Frühjahre rein weg und verstreiche die Schnitte mit Baumwachs. Dieses muß besonders bey denjenigen Stämmchen geschehen, welche am Boden veredelt wurden und zu hochstämmigen Bäumen bestimmt sind. Die Baumschule muß nach der früher gegebenen Anleitung vom Unkraute rein, der Boden locker gehalten und bey lang anhaltender Trockene oder Hitze müssen die veredelten Bäumchen öfter begossen werden.

Fr. Was geschieht mit den veredelten Bäumchen im zweyten Jahre?

A. Wurden die Grundstämme oder Wildlinge vor der Veredlung nicht öfter als einmal verpflanzt, (**) oder sie=

(*) Anmerkung. Der Rebstecher ist ein kleiner grauer Käfer, mit einem ausgezeichnet dünnen und etwas langen Rüssel, an dessen Ende zwey ansehnlich große Fühlhörner stehen. Es gibt mehrere Spielarten davon, die aber allen Knospen (Augen) der jungen Obstbäumchen sehr nachstellen.

(**) Um die Bäumchen, nachdem sie veredelt sind, durchs Versetzen in ihrem Wachsthume und in ihrer völligen Ausbildung nicht mehr zu stören, ist es bey vielen Sorten zweckmäßiger, wenn man die Wildlinge vor der Veredlung ein paarmal versetzt.

ben die veredelten Bäumchen zu dicht aneinander, oder will man gleich Anfangs die Zwergbäume von den Hochstämmen absondern, so ist es zweckmäßiger, man versetzt die veredelten Bäumchen gleich im zweyten Jahre, als wenn sie ihrer künftigen Ausbildung näher gekommen sind. Die Gründe dafür sind: weil sich der Wurzelstand jetzt noch besser und schöner bildet, als wenn sie älter geworden, und so die Stämmchen alsdann ihre künftige Bildung ununterbrochen fortsetzen können.

Man gräbt zu diesem Zwecke die veredelten Bäumchen nach Umständen entweder im vorhergehenden Herbste, oder im Frühjahre mittelst eines Spaten's (Grabschaufel) behutsam aus, daß man keine Wurzel beschädigt. (Gräbt man sie im Herbste aus und sie werden nicht gleich darauf verpflanzt, so müssen sie bis zum Versetzen gut in die Erde eingeschlagen werden.)

Vor dem Versetzen schneidet man sowohl die beschädigten, als auch andere Wurzeln fleißig zu, dem Edelreis aber nehme man, außer dem kräftigsten und schönsten Triebe, alle Seitenäste weg und schneide diesen Haupttrieb ohngefähr auf 3 bis 4 Augen an einem gesunden Auge durch einen Rehfußschnitt (*) ab. Alle Auswüchse unterhalb der Veredlung müssen ebenfalls weggeschnitten und mit Baumwachs nebst den übrigen Wunden verschmiert werden. Nachdem die Bäumchen so zugerichtet sind, werden sie nach der gegebenen Anleitung an den für sie bestimmten und vorher zubereiteten Ort in der Baumschule eingepflanzt und gut eingegossen.

Alle übrige veredelte Bäumchen, d. h. (die nicht verpflanzt wurden) werden im Frühjahre ausgeputzt; d. h. man wählet den schönsten unter den Trieben des Edelreises zum Stamme und schneidet alle Seitenzweige, oder welche über diesem stehen, dicht am Stamme ab, so daß bloß dieser allein stehen bleibt; desgleichen auch alle Schößlinge des Wildlings. Bey okulirten Stämmen wird dieser Haupttrieb,

(*) Anmerkung. Unter dem Rehfußschnitte versteht man einen kurzen, schrägen, scharfen Baumschnitt.

wenn er zu schlank und schwach ist, bis auf die Hälfte, über
einem kräftigen Auge abgeschnitten, weil dadurch der Stamm
mehr Kräfte bekommt. Ferner werden die Sturzen oder Sporne, welche hinterhalb des okulirten Auges stehen geblieben,
durch den Rehfußschnitt rein weggenommen; eben so auch
die noch nicht überwachsenen Stellen hinterhalb des Pfropfreises und alle Schnitte mit Baumwachs oder Kitt verklebt.

Alle jene Bäumchen, welche sich wegen ihres schlanken
Wuchses nicht selbst gerade halten, müssen mit Pfählen versehen werden, um der Gefahr des Abbrechens vorzubeugen.
Um aber dieses zu vermeiden und die Bäumchen dahin zu
bringen, daß sie sich ohne Pfähle aufrecht halten müssen,
ist nichts zweckmäßiger, als wenn man die Seitenäste, welche
der Stamm im Laufe dieses Sommers austreibt, im Monat
Juli oder August auf Sporne d. h. auf 2 oder 3 Augen einkürzt
und erst im darauf folgenden Jahre rein wegschneidet. Die Ursache dieses Verfahrens liegt darin, daß sich der reichlich aufsteigende Saft noch in diese Sporne vertheilt; dadurch werden
die Stämmchen gleichförmig dick und stark genug, um sich selbst
tragen zu können, und solche ohne Pfähle erzogene Bäume sind
dauerhafter und widerstehen eher den nachtheiligen Winden.

Im Frühjahre des zweyten Jahres werden auch schon
die zu Zwergbäumen bestimmten, veredelten Bäumchen hierzu beschnitten. Diese müssen aber sehr nahe am Boden
veredelt seyn, damit sie sich gleich von unten weg schön bekleiden. Die zu Spalierbäumen gehörigen werden nach dem
Verhältnisse der Stämmchen auf 2 oder 4 Augen, die zur
Kugel = und Pyramid = Form bestimmten aber auf 4 bis 6
Augen oberhalb der Veredlung abgeschnitten.

Der Boden wird auch in diesem Jahre so wie in den frühern, vom Unkraute befreyt und behackt 2c.

Fr. Wie verfährt man mit den veredelten
Obstbäumchen im dritten und den darauffolgenden Jahren, bis zu ihrer
gänzlichen Ausbildung?

A. Im dritten Jahre erhalten nun schon die meisten
veredelten Obstbäumchen ihre künftige Bestimmung und

müssen zu Folge dieser behandelt werden. Die zu Zwergbäumen bestimmten werden nach der eben angeführten Angabe beschnitten. Diejenigen aber, welche die erforderliche
Höhe haben, zu Hochstämmen vorgebildet. In der Regel
werden die Stämme der Birnbäume höher, als die der Aepfel
und übrigen Obstsorten, gezogen; man nimmt im Durch-
schnitte eine Höhe von 7 bis 9 Fuß für einen Hochstamm
an. Zu diesem Zwecke wird das veredelte Stämmchen, wenn
es an der Spitze noch keine Seitenästchen hat, etwas höher
als gewöhnlich, gerade über einem Auge abgeschnitten. Sind
aber an der Spitze schon Aestchen vorhanden und stehen hoch
genug, so werden diese sogleich zur Bildung der Krone oder
des Wipfels benützt und man schneidet dann den mittleren
oder Herztrieb an dem obersten Aestchen rein weg. Die Aestchen kürzt man ebenfalls auf 2 Augen ein, aber so, daß
die Stellung der Augen die Ausbildung der Krone begünstiget; deswegen muß man manchmal auch das 3te Auge noch
stehen lassen. Man sehe bey Bildung der Krone vorzüglich
darauf, daß 3 oder 4 schickliche Aeste ihr als Grundlage
dienen. Alle unterhalb der Krone sich befindlichen Seitenzweige, so wie auch die Sporne des verflossenen Jahres werden am Stamme abgeschnitten, eben so auch die während
des Sommers nachkommenden Austriebe, so bald sie erscheinen, vertilgt.

Die schon im zweyten Jahre zubereiteten Zwergbäumchen,
als Pfirsiche, Abrikosen ꝛc. werden für ihre künftige Bestimmung, weiter, vorbereitet. Bey den Spalierbäumchen schneide
man nämlich die 2 oder 4 ausgetriebenen Seitenästchen
wenn sie eine schickliche Stellung haben, wieder auf 2 bis 3
Augen zurück. Im Falle aber die obersten Zweige nicht passend,
oder schwach sind, nehme man sie durch einen Rehfußschnitt,
nahe bey den untersten zweyen weg; denn diese werden durch
die nachtretenden wieder ersetzt. Den zu Pyramiden bestimmten Bäumchen beschneide man die Seitenzweige, wenn
solche vortheilhaft stehen, auf 2 bis 3 Augen mit Rücksicht
auf die künftige Form. Stehen sie aber so, daß eine Seite
des Hauptstammes entblößt wäre, so schneide man dieselben

bis dahin zurück, wo die Zweige: eine der Form einer Py=
ramide angemessene Stellung haben. Den zur Kugel= oder
Kesselform bestimmten Bäumchen nehme man bis zur Höhe
von 1 1/2 bis 2 Fuß die untern Zweige rein weg, schneide
den Herztrieb heraus, und kürze die zur Form gehörigen
auf 2 Augen ein. Die Unterhaltung des Bodens bleibt die=
selbe, wie in den frühern Jahren.

Fr. Was geschieht in dem darauf folgenden
　Jahre?

A. In dem darauf folgenden, als dem vierten Jahre
nach der Veredlung, hat man sein Hauptaugenmerk auf die
Ausbildung der Bäumchen zu richten. Die Kronen der Hoch=
stämme, so wie die Aeste der Spalier= und Pyramid=Bäume ꝛc.
werden vorschriftsmäßig beschnitten, und alle untaugliche
Zweige weggenommen. Setzen sich Flechten oder Moos an
die Stämme, so müssen diese entweder mit einem Strohrie=
gel, oder mit einem scharfen Holze gereiniget werden.

Auch können schon im Frühjahre alle Zwergbäume aus=
gehoben und an den Ort ihrer künftigen Bestimmung ver=
pflanzt oder verkauft werden. Haben sich die Hochstämme
bis zum Herbste schön ausgebildet, so können solche um diese
Zeit auch schon verpflanzt werden; obgleich man die Hoch=
stämme in der Regel erst nach dem sechsten Jahre an den
Ort ihrer Bestimmung pflanzen soll; oder wenn die Stämme
einen Daumen dick sind.

Fr. Wie werden die Bäume am vortheilhaf=
　testen ausgegraben?

A. Zum Ausgraben bedient man sich einer starken,
schneidenden Grabschaufel, oder eines eigens dazu gemachten
Pickels oder Hacke. Diese ist ohngefähr einen Fuß lang,
vorne 4 Zoll breit, etwas nach dem Stiele zu gebogen, gut
verstahlt und mit einer scharfen Schneide versehen. Sollen
viele Bäumchen aus einer Reihe, oder eine ganze Reihe
ausgegraben werden, so rigolt oder rottet man sie besser
aus. Zu diesem Ende hebt man entweder neben, oder vor

der Reihe einen kleinen, einige Fuß langen Graben so tief
aus, als die Hauptwurzeln liegen. Nun räumt man die
obere Erde um das erste Bäumchen behutsam weg, damit
man keine Wurzeln beschädiget, sticht oder haut die Wurzeln
in einer anderthalb Fuß weiten Entfernung rund um den
Baum ab, fährt nun auf der entgegengesetzten Seite des
Grabens mit der Graubschaufel oder dem Pickel unter den
Wurzelstock des Baumes, wiegt diesen nach und nach gegen
den geöffneten Graben hinauf und hebt ihn so aus der Erde.
Auf diese Weise fährt man mit allen in der Reihe befindli=
chen Bäumen fort. Der geöffnete Graben dient anfangs
dazu, um die von den ersten Bäumen ausgegrabene Erde
aufzunehmen, so reihet sich dieses nach und nach wie beym
Rigolen, fort. Beym Ausgraben einzelner Bäume verfährt
man auf dieselbe Art, nur hat man keinen Graben nöthig,
und der Baum wird mehr aufwärts, als seitwärts ausge=
zogen. Diese Arbeit verrichten am bequemsten und schnell=
sten zwey Personen; denn ist der Baum einmal umgraben,
und die Wurzeln abgestochen, so zieht der Eine den Baum
an, während der Andere ihn mit dem Pickel oder der Grab=
schaufel aus der Erde hebt.

Fr. Was geschieht mit den ausgegrabenen
Bäumen?

A. Die ausgegrabenen Bäume werden entweder, wenn der
Platz dazu bereitet ist, gleich verpflanzt oder bis zu ihrer
Bestimmung in die Erde gut eingeschlagen (*).

(*) Will man veredelte Obstbäume versenden, so müssen sie folgen=
dermaßen verpackt werden. Man legt eine gewisse Anzahl Stämme,
18 — 20 oder 25 Stücke (nach Maßgabe ihrer Größe) mit ihren
Wurzeln ordentlich zusammen, so daß sie gleichsam in einander
stecken, und keine Beschädigung leiden, stopft wo möglich alle
kleine Zwischenräume derselben mit feuchtem Moose recht sorgfältig
aus, und bindet sie sowohl an den Wurzeln, als auch unter den
Kronen mit Weiden zusammen. Alsdann wird der Bündel mit
Stroh so verpackt, daß die Wurzeln und Stämme ganz damit
bedeckt sind. Geht die Versendung in sehr entfernte Gegenden,
so werden auch die Kronen gut in Stroh gebunden und der ganze
Pack in grobe Leinwand eingenäht, damit keine Reibung statt

Fr. Wie wird diese Arbeit verrichtet?

A. Man hebt, nach dem Verhältniß der Wurzeln der Bäume, einen Graben von 1½ bis 2 Fuß tief, und 2—3 Fuß breit, aus. Ist die Anzahl der einzuschlagenden Bäume groß, so daß mehrere Gräben dazu erfordert werden, so schlägt man die Erde des ersten Grabens auf die Seite, wo die Stämme zu liegen kommen. Alsdann legt man die Wurzeln in den Graben und die Stämme schräg nieder, so, daß sie auf die ausgeworfene Erde zu liegen kommen. Nun werden die Wurzeln mit der Erde des nächsten Grabens recht fleißig bedeckt, damit keine leeren Räume zwischen den Wurzeln bleiben, und darauf fest angetreten. Da sich auf diese Weise der 2te Graben bildet, so wird dieser eben so, wie der erste, mit Bäumen angefüllt, und die Wurzeln dieser mit der Erde des dritten wieder bedeckt, und so wird bis zur Beendigung fortgefahren. Die Hochstämme kann man auch aufrecht stellen.

Wenn nun gleich die Bäumchen die Edelschule verlassen haben, und an ihren künftigen Standort verpflanzt sind, so müssen sie doch noch in Folge ihrer Bestimmung gepflegt werden.

---

finde. Zärtliche Obstsorten, als manche Arten Pfirsiche, Abrikosen ꝛc. oder Zwergbäume werden besser in Kisten mit Moos gepackt versendet.

Fünftes Kapitel.

Von der Behandlung der Obst=Bäume, nachdem sie die Baumschule verlassen haben, und ihrer künftigen Bestimmung.

Fr. Wie werden die Obst=Bäume, nachdem sie in der Edelschule erzogen sind, und dieselben verlassen haben, behandelt?

A. Die veredelten Obstbäume müssen, nach den in der Edelschule ihnen gegebenen Formen, beym Versetzen von da, einen angemessenen Standott erhalten, und nach ihrer künftigen Bestimmung behandelt werden.

Fr. Unter welchen Hauptformen werden sie allda erzogen?

A. Die Hauptformen, nach welchen die Obstbäume erzogen werden, sind:

    a. als Hochstämme und
    b. als Zwergbäume.

a. Von den Hochstämmen.

Da die hochstämmigen Obstbäume diejenigen sind, welche, wenn sie erwachsen sind, am wenigsten der Sorgfalt und Pflege bedürfen, und sich deswegen jeder Landmann leicht mit deren Kultur befassen, und sie allenthalben gepflanzt werden können, so wird auch in diesem Abschnitte ausführlich darüber abgehandelt werden, und alles darin vorkommen, was nur irgend einen Bezug darauf haben kann.

Fr. Was versteht man unter einem Hoch=
stamme?

A. Ein Hochstamm ist derjenige Baum, welcher der
Natur gemäß, auf einem 7—10 Fuß hohen, von allen Ae=
sten befreyten Schafte (Stamme), eine Krone oder Wipfel,
der durch die obern Aeste gebildet wird, trägt.

Fr. Was hat man bey der Verpflanzung der
Hochstämme zu berücksichtigen?

A. Bey der Verpflanzung der Hochstämme sind folgende
Punkte zu berücksichtigen: vor allem die Zubereitung des
zu ihrer Aufnahme bestimmten Plaxes, die Zeit des Ver=
pflanzens oder Versetzens, und die Art und Weise, sie ein=
zupflanzen.

Fr. Welches sind die geeignetsten Pläxe für
Hochstämme? (*)

A. Hochstämmige Obstbäume können im Allgemeinen
an alle Pläxe verpflanzt werden, sowohl in Gärten als ins
Freye, d. h. auf Felder und an Landstraßen; nur muß man
nach der Art des Standortes, Rücksicht auf die Sorten des
Obstes nehmen, ganz besonders in den rauhen Gegenden
Bayerns, damit man keine feine, zärtliche Obstsorten auf
Felder oder an Straßen pflanzt, die in der Regel nur
in Gärten gesetzt werden sollen. Eben so muß man auch
bey einer Obstbaumpflanzung verschiedener Arten, als z. B.
Kernobst mit Steinobst, auf deren zweckmäßige Austheilung
Rücksicht nehmen.

Da z. B. viele Aepfel=, Kirschen= und besonders die Zwet=
schen=Bäume härter als die übrigen Obstsorten sind, also
auch eine kältere Lage ertragen können, so werden diese ge=
wöhnlich auf freyen Pläxen, auch an die kältern oder den
Winden ausgesetzten Seiten gepflanzt, und dienen auf diese

(*) Da schon gleich anfangs die nöthigen Vorschriften hierüber gege=
ben wurden, wo die Rede von der Lage, dem Boden rc. war, so
wird dieser Gegenstand hier nicht mehr wiederholt, sondern nur
gelegenheitlich berührt.

Art den Birn= oder andern zarten Obstsorten zum Schutze. Man kann die zärtern Obstsorten, als Birnen, süße Kirschen, Pflaumen ꝛc. zwischen die härtern, oder auf die geschützteste, wärmere Seite des Platzes pflanzen.

Oder will man z. B. einen Bergabhang oder einen gegen Morgen oder Mittag gelegenen Hügel mit Obstbäumen be= pflanzen, so stelle man die dahin zu pflanzenden Obstsorten folgendermaßen zusammen:

Die süßen Kirschen, oder edlen Pflaumenarten, als Mi= rabellen, Reineclauden ꝛc. setze man in die wärmsten Lagen, nach diesen die Birnen, und an die rauhsten Stellen, oder den Einfall des Windes, Aepfel, Zwetschen und die härtern Weichselsorten. Bey solchen Eintheilungen, wo mehrere ver= schiedene Obstsorten unter einander gesetzt werden, muß man eben auch Rücksicht nehmen, daß nicht zu viele hochwach= sende Bäume, oder diese nicht zu nahe an die niedern ge= pflanzt werden, weil die niedern sonst von den andern über= wachsen und am Ende erstickt werden. Gegen Abend pflanze man als Schutzmittel, eine Reihe Wallnußbäume, indem diese sich mit ihren Aesten sehr ausbreiten und dadurch die hefti= Winde abhalten. Pfirsiche, Abrikosen und Mandeln taugen nicht in freye Obstbaumpflanzungen; und weil sie die meiste Sonnenwärme erfordern, so setze man sie in Gärten, an die Mittagsseite.

Fr. Wie wird der für die Hochstämme be= stimmte Platz zubereitet?

A. Ist es ein Platz in einem Garten, oder auch im Freyen, als auf Wiesgründen oder Feldern ꝛc., wo eine regelmäßige Obstbaumanlage von Hochstämmen gemacht wer= den soll, so theile man vorerst den Raum ein, und zwar so, daß die Bäume in gleichweit entfernte Reihen, oder ab= wechselnd, d. h. ins Verband zu stehen kommen.

Fr. In welcher Entfernung müssen die Hoch= stämme auf Felder oder Aecker, Wie= sen ꝛc. gepflanzt werden?

A. Damit sich die Bäume mit ihren Aesten nach allen

Seiten gehörig ausbreiten können, und die auf dem Grundstücke zu bauenden Feldfrüchte, Gemüse oder andere Ge-
wächse durch den Schatten der Obstbäume in ihrem Wachsthume nicht beeinträchtigt werden, so pflanze man die hochstämmigen Obstbäume entweder auf die Grenzen oder Raine
der Aecker, wenn dieselben nun 50—60 Fuß breit sind; oder
wenn der Acker beträchtlich breit und groß ist, in 36—40
Fuß weit von einander entfernten Reihen. Auf einem solchen mit Obstbäumen bepflanzten Acker kann man bequem
pflügen ꝛc., und der Ertrag der Feldprodukte wird nicht
minder ergiebig, als auf einem baumleeren Acker seyn.
Man weiß sogar aus vielfältiger Erfahrung, daß in heißen
trocknen Sommern der Ertrag auf solchen Obstbaumäckern
ergiebiger ausfiel. Es ließe sich über die Vortheile, welche
sich durch die Bepflanzung der Aecker mit Obstbäumen
ergeben, noch viel gründliches sagen, allein dazu ist hier nicht
der geeignete Ort.

Auf Aengern oder Wiesgründen können sie in derselben Entfernung, oder auch nur 25—30 Fuß weit auseinander gepflanzt werden, indem das Gras an einem etwas
beschatteten Ort recht üppig wächst. An Feldwegen oder
Vizinalstraßen setzt man sie, wenn die Straße 15 bis 20
Fuß breit ist, an die beyden Seiten derselben, 18 bis 20 Fuß
weit auseinander. Ist die Straße oder der Feldweg nur 12
Fuß breit, dann fahre man rechts und links 3 oder 4 Fuß
breit, von den Straßenlinien ab, in das Feld hinein; denn
wenn die Obstbäume zu nahe an einander stehen, ersticken
gewöhnlich die sich berührenden Aeste, und sterben ab.

Fr. Wie verfährt man bey der Eintheilung
eines Baumstückes?

A. Damit aber die Baumreihen auf dem Grundstücke
genau in eine Richtung zu stehen kommen, so bezeichne man
erst die Eintheilungspunkte auf den Grenzlinien mit Stangen, richte sie senkrecht ein, und visire nach diesen alle
übrige genau zusammen.

Will man sie aber in willkührliche Entfernungen setzen,
so bezeichne man blos nach dem Augenmaaße die Stellen, wo
Bäume zu stehen kommen (doch so, daß sie zum wenigsten
20 Fuß weit von einander entfernt sind,) mit Stangen, und
schlage sie wenigstens 3 Fuß tief in die Erde (*).

Fr. Was geschieht nachher?

A. Nachdem dieses geschehen, grabe man um diese Stangen die Baumgruben oder Baumscheiben auf. Diese müssen
nach Verschiedenheit des Bodens weit, und mehr oder weniger tief seyn. Da wo der Obergrund wenigstens 3 Fuß tief
liegt und nahrhaft ist, darf die Baumgrube nur 4 Fuß weit
und eben so tief gemacht werden. Beym Ausgraben derselben lege man die obere Erde oder Masen auf die eine, und
den Untergrund auf die entgegengesetzte Seite der Grube,
um beym Einfüllen derselben den Obergrund in die Tiefe,
um den Untergrund, wenn er gut und nahrhaft ist, in die
Höhe zu bringen, oder im widrigen Falle, den Obergrund
mit dem Untern vermischen zu können. Liegt der nahrhafte
Obergrund aber nur 15 bis 18 Zoll tief, und der Untergrund ist schlecht, fest oder kiesig, so muß aus den Baumgruben wenigstens ein Fuß Kies herausgenommen, der Abgang mit guter Erde ersetzt, und die Baumscheiben noch
1 Fuß hoch über die gewöhnliche Bodenhöhe aufgefüllt werden, damit die darauf zu pflanzenden Bäume wenigstens 3
Fuß tiefe Erde bekommen. Statt des Ausgrabens des schlech-

(*) Das Einschlagen geschieht am leichtesten durch zwey Personen
mittelst einer Pauke. Diese besteht aus einem 2 Fuß langen und
15 Zoll dicken, eichenen oder buchenen Stücke Holz, das an einem
Orte etwas dünner, also keilförmig ist. An dessen beide entgegengesetzte Seiten werden 2, acht bis neun Fuß lange, starke
Stangen mit großen eisernen Nägeln vermittelst 2 eiserner Reife
gut befestigt; doch so, daß die dünnen Orte der Stange nach unten, und etwas auswärts stehn, und gleichsam Handgriffe bilden.
Stellt man die Pauke auf, so muß der Block in der Höhe seyn;
2 Personen halten ihn dann an den Stangen über den Baum-
pfahl in die Höhe, und lassen ihn jedesmals so oft auffallen, bis
der Pfahl gehörig fest steht. Dabey ist aber zu beobachten, daß
der Pfahl in senkrechter Richtung eingeschlagen werde.

5

ten Bodens oder Kieses, kann man auch an solchen Plätzen, wo die Erde seicht liegt, die noch fehlende darauf setzen, doch so, daß eine solche erhöhte Baumscheibe wenigstens 10 Fuß im Durchmesser und im Ganzen 3 Fuß hoch nahrhafte Erde hat. Indessen sind diese erhöhte Baumscheiben aus der Ursache nicht zu empfehlen, weil Kälte sowohl als Wärme leicht eindringen, und den Wurzeln schaden; eben so sind auch häufige Windfälle zu befürchten, was bey den versenkten Baumscheiben nicht der Fall ist.

Fr. Was kann man statt der Baumgruben anwenden?

A. Wo es sich einmal auf einem Platze darum handelt, daß schlechter Boden ausgegraben werden muß, so kann man auch statt der Baumgruben, 5 Fuß weite Canäle, die übers Kreuz laufen, nach Umständen, 1 oder 2 Fuß tief ausgraben und wie bey den Baumgruben mit Erde ausfüllen. In der Mitte, wo sich die Canäle kreuzen, werden die Bäume gepflanzt.

Fr. Wie kann man sich helfen, wenn man Mangel an guter Erde hat?

A. Hat man Mangel an guter Erde, so kann man sich durch Zusammenfahren des Straßenkothes mit Untermischung von Rasen oder des in Gärten oder auf Feldern sich ergebenden Unkrautes, mit Hinzuthun einiger Fuhren Lehm oder Mergel, einen Vorrath von nahrhafter Erde sammeln. Nur muß man sie das Jahr über einigemal umschlagen, damit alles gut unter einander kömmt und eher verfault. Eine solche zusammengesetzte Erde ist besser, als Dünger.

Fr. Wann soll man diese Arbeit oder Vorbereitung zum Pflanzen verrichten?

A. Diese Arbeit soll jederzeit vor dem Winter geschehen, damit sich die aufgearbeitete Erde während des Winters setzen und der Frost recht durchdringen kann. Denn durch die Einflüsse der Witterung während des Winters wird die Erde sehr fruchtbar gemacht.

Fr. Welches ist die beste Zeit zum Verpflanzen?

A. Man kann zwar im Herbste so gut, wie im Frühjahre, Obstbäume versetzen, allein in Bayern ist das Frühjahr für Obstbaumpflanzungen ganz besonders zu empfehlen, und zwar der Monat März oder April, wenn keine einbringenden Fröste mehr zu befürchten sind, und der Boden abgetrocknet ist. In den Gegenden jedoch, wo sandiger Boden ist, zieht man das Versetzen im Herbste vor, damit sich die Winterfeuchtigkeit besser in der Erde erhält, welches im Frühjahre, nachdem die Erde aufgelockert worden, nicht so leicht der Fall ist; weshalb dann die versetzten Bäume öfter angegossen werden müssen. Man wähle zum Einpflanzen auch möglichst schöne, aber keine zu kalten Tage.

Fr. Wie werden die Hochstämme vor dem Einpflanzen zubereitet?

A. Ehe man die Bäume einpflanzt, müssen die Wurzeln und Kronen derselben gehörig beschnitten werden. Man kürzt nämlich alle beschädigten oder zu langen Wurzeln durch einen nach unten stehenden, schrägen, glatten Schnitt mit einem scharfen Messer ab, weil beschädigte Wurzeln sich nicht vernarben, sondern leicht Fäulniß oder der Brand daran entsteht. Die Krone wird sowohl mit Rücksicht auf ihre Form, als nach der Beschaffenheit des Wurzelstandes beschnitten. Die Krone steht mit dem Wurzelstand in genauem Wechselverhältniß. Je besser also der Wurzelstand ist, desto mehr Holz darf man an der Krone lassen.

Fr. Was folgt aus diesem Grundsatze?

A. Ist daher der Wurzelstand eines Baumes schlecht, oder hat die Krone keine regelmäßig gebildete Gestalt, so beschneidet man dieselbe stark, und läßt ihr am besten nur drei, höchstens vier der schicklichsten Aestchen, die auf ein paar Augen durch den Nehfußschnitt eingekürzt werden. Hat aber der Baum viele gesunde Wurzeln, so können außer den vier Hauptästchen, die ebenfalls auf 3 passende Augen

geschnitten werden, auch noch die etwa vorhandenen, schick=
lich stehenden kleinen Zweige, oder künftigen Fruchtspieße in
der Krone stehen bleiben. Je älter oder je kränklicher die
Bäume sind, desto stärker muß man sie zuschneiden. Den=
jenigen Bäumen, welche im Herbste gepflanzt werden, beschneide
man die Krone erst im März oder April.

Nachdem nun die Bäume auf diese Art zubereitet sind,
müssen sie gleich darauf gepflanzt, oder, damit ihre Wurzeln
nicht vertrockne, wieder eingeschlagen werden.

Fr. Wie behandelt man diejenigen Obst=
    bäume vor dem Einpflanzen, welche
    von entfernten Orten gekommen sind,
    und unterwegs durch Trocknung ge=
    litten haben?

A. Wenn man Obstbäume aus sehr entfernten Baum=
schulen erhält, und sie sehen vertrocknet aus, so lege man
sie ins Wasser, beschwere sie, damit das Wasser über die
ganzen Bäume zusammenläuft, und lasse sie 24 bis 48 Stun=
den oder noch länger darin liegen. Findet man, daß sich die
eingeschrumpften Wurzeln und Rinden des Stammes und der
Aeste wieder ausgedehnt haben, so beschneidet man sowohl
die Wurzeln, als Kronen recht kurz, und umbindet die
Stämme mit feuchtem Moos, oder Stroh. Diese Umhüllung
wird bey trocknem Wetter des Morgens und Abends angefeuch=
tet, damit die Rinde der Bäume stets in einem Zustande er=
halten werde, der das Austreiben begünstiget.

Fr. Wie behandelt man solche Bäume, die
    auf der Reise durch Frost gelitten
    haben?

A. Solche gefrorne Bäume stellt man gleich nach dem
Auspacken 24 Stunden in kaltes Wasser, damit dieses
den Frost heraus zieht, welches man an der beeiseten Ober=
fläche der Rinde erkennt. Wenn der Frost herausgezogen
ist, schlägt man sie an einem schattigen, kühlen Orte in die

Erde, und beſchneidet vor dem Einpflanzen die verdorbenen Zweige und Wurzeln, ſo wie bey den vertrockneten Bäumen.

Fr. Wie verfährt man beym Verſetzen oder Einpflanzen?

A. Vor Allem müſſen die großen Baumſcheiben oder Canäle ſchon eine geraume Zeit, (am beſten vor Winter) wieder eingefüllt worden ſeyn, damit ſich die Erde gehörig ſetzen, und man die abgehende bis zum Einpflanzen wieder ergänzen konnte. Wurden die Baumſtangen beym Löcher= graben weggenommen, ſo müſſen dieſe, wenn die Hochſtämme nicht zum wenigſten 1½ bis 2 Zoll dicke Schäfte haben, vorerſt nach der früher gegebenen Anweiſung geſteckt werden.

Alsdann wird das Baumloch rings um die Stange, nach der Größe des Wurzelſtandes, ausgegraben und der Baum in das offene Loch gehalten, um zu ſehen, ob ſeine Wur= zeln ungehindert darin liegen können. Iſt dieß nicht der Fall, ſo muß das Loch darnach gerichtet, und die Erde ſo gelegt werden, daß die Wurzeln des Baumes bequem, und gleichſam auf einen Hügel zuſtehen kommen. Nun wird der Baum vor die Stange ſo tief in die Grube gehalten, daß er etwas höher, als vorher zu ſtehen kömmt, ſeine Wurzeln ſchön ausgebreitet, und dieſelben ſodann behutſam mit locke= rer, nahrhafter Erde bedeckt. Iſt dieſes geſchehen, ſo ſchüt= telt man den Baum einigemal auf= und abwärts, damit die Erde zwiſchen die Wurzeln rollt und die leeren Zwiſchen= räume ausfüllt, oder, was noch zweckmäßiger iſt, man ſchlemmt ſie auf die früher beſchriebene Art tüchtig ein. Nachdem das Waſſer eingedrungen, bedeckt man die Wur= zeln nochmals mit Erde, und tritt dieſe rings um den Baum feſt. Wenn die Erde feucht oder naß iſt, ſo muß ſie ſanf= ter angetreten werden, als wenn ſie trocken iſt. Nachher wird die Grube mit der noch übrigen Erde vollends ſo aus= gefüllt, daß ſie um den Baum einen Hügel bildet.

Fr. Warum geſchieht dieſes?

A. Dieſes geſchieht aus der Urſache, damit, wenn ſich

die Erde sammt dem Baume sezt, dieser nicht tiefer als die allgemeine Oberfläche des Bodens steht. Aus diesem Grunde ist es rathsamer, die Bäume etwas höher, als zu tief zu pflanzen, außerdem auch, weil man sonst Gefahr läuft, daß die veredelte Stelle in die Erde zu stehen kömmt, welches einen ungünstigen Einfluß auf das künftige Wachsthum der Bäume hat.

Fr. Wie kann man große Obstbäume mit si-cherem Erfolg verpflanzen?

A. Um große oder alte Bäume mit sicherem Erfolge zu verpflanzen, versezt man solche im Winter mit gefrornen Ballen.

Fr. Auf welche Art geschieht dieses?

A. Man gräbt, sobald die Kälte eingetreten ist, in einer Entfernung von 1 1/2 bis zwey Fuß vom Stamme, rings um ihn einen kleinen 2 bis 3 Fuß tiefen Graben, und sezt auf diese Weise, die zwischen dem Wurzelstock befindliche Erde dem Froste so lang aus, bis der ganze Ballen fest in einen Kloz zusammengefroren ist, welches man durch öfteres Be-gießen, während der Kälte, besonders des Abends befördern kann. Nachdem nun der ganze Wurzelballen fest gefroren ist, hebt man ihn mittelst einer starken, an den Stamm fest gebundenen Stange aus der Grube, sucht die beschädigten Wurzeln, so gut wie möglich, zu beschneiden, und verpflanzt ihn an die für ihn zubereitete Stelle. Wenn die Kälte vorüber, und das Erdreich wieder aufgethaut ist, so räumt man die obere Erde bis auf die Wurzeln weg, gießt den Ballen tüchtig ein, macht ihm darauf eine Scheibe, und beschneidet ihn, sobald keine starken Fröste mehr zu befürch-ten sind.

Fr. Was hat man nach dem Einpflanzen zu thun?

A. Zulezt, nachdem die Bäume gepflanzt sind, befesti-get man die Stämme mit Weiden- oder Strohbändern sorgfältig an die Stange. Dieses geschieht am besten, wenn man das Band oder die Weide hinter dem Stamme übers Kreuz schlägt, einmal umdreht, und dann erst hinter der Baumstange bindet. Die auf diese Art gebundenen Bäume können sich ohne Hinderniß und Nachtheil setzen.

Fr. Wie lange müssen die Bäume so angeheftet bleiben, und wie werden sie alsdann gebunden?

A. Diese Befestigung muß zum wenigsten ein halbes Jahr lang bleiben; denn bindet man die Bäume früher, oder sogleich nach dem Versetzen fest an die Stange, so bleibt der Baum in seiner Stellung fest stehen, und wenn sich die Erde setzt, werden die Wurzeln über derselben entblößt in der Luft stehen. Wenn man nun findet, daß sich die Erde nicht mehr bedeutend setzt, so werden die Bäume folgenderweise festgebunden. Man wähle dazu starke, gedrehte Weiden, oder die in allen Hölzern vorkommende Waldrebe, Judasstricke (Clematis Vitalba L.) oder auch hänfene Stricke, fahre mit einer Weide oder einem Stricke, nachdem die Stelle vor dem Stamme und der Raum zwischen demselben und der Baumstange, wo der Bund darüber gemacht wird, recht sorgfältig mit Moos unterlegt ist, zweymal um den Baum und die Stange, und binde sie hinter, oder an der Seite derselben recht fest.

Fr. Wie viel mal muß ein Hochstamm gebunden werden?

A. Solcher Bände erhält ein jeder Hochstamm zum wenigsten zwey, einen gleich unter der Krone, und den andern unten 2 Fuß hoch über der Erde. Hat aber der Stamm Krümmungen, so bekommt er auch noch einen an dieser Stelle, um ihn dadurch gerade zu ziehen.

Fr. Gibt es auch noch andere Arten, die Bäume anzubinden?

A. Es gibt außer dieser, noch viele andere, welche aber

theils zu kostspielig, oder zu umständlich sind; deswegen ist diese beschriebene als die einfachste vorzuziehen.

Fr. Wie müssen die frischgepflanzten Hoch-
stämme im Laufe des Sommers ge-
pflegt werden?

A. Tritt, nachdem sie gepflanzt sind, oder im Laufe des Sommers, eine anhaltende Trocknung ein, so müssen sie einigemal begossen werden, damit ihre jungen Würzelchen nicht vertrocknen, und die Bäume nicht ausbleiben. Alle an dem Stamme hervorkommende Triebe, müssen, so bald sie erscheinen, weggeschnitten werden; und man bewahre sie durch öfteres Nachsuchen vor dem schädlichen Fraß der Maykäfer, Raupen und andern Insecten.

Fr. Wie behandelt man die Baumscheiben?

A. Die Baumscheiben müssen das ganze Jahr hindurch vom Unkraute rein, und der Boden mittelst Behacken locker gehalten werden. Das Bepflanzen großer Baumscheiben mit Gemüsen oder andern Gewächsen bringt mehr Nachtheil als Nutzen; weil der Boden dadurch ausgezehrt, und beym Bearbeiten desselben den Bäumen leicht die Nahrungs= oder Saugwurzeln abgestochen werden.

Fr. Wie werden die Hochstämme gegen die
äußeren nachtheiligen Einflüsse, als
Fraß des Wildes 2c. geschützt?

A. Da es manchem Liebhaber oder dem Landmanne zu kostspielig oder unmöglich seyn würde, große im freyen Felde gelegene Obstbaumpflanzungen mit einer Einfassung zu befriedigen, so muß man zu andern Schutzmitteln seine Zuflucht nehmen. Dergleichen sind gegen Hasen= und andern Wildfraß oder gegen Beschädigung durch das Rindvieh 2c eine Umhüllung mit Dornen, in Ermanglung dieser, mit Rohr, Schilf oder Stroh. Noch ein anderes Mittel, welches zwar kostspieliger, aber dauerhaft und besonders gut als Schutz für Bäume ist, die an Landstraßen stehen, ist eine Umgebung mit 3 oder 4 Latten, oder 2 Zoll dicken Baumästen, welche mit Nägeln oder Eisendraht befestiget werden.

Gegen die Mäuse ist wohl das beste Mittel, sie durch das bekannte Räuchern zu tödten, oder die Stämme von unten auf mit Forsyth'schem Baumkitt, der verdünnt und mit einem geringen Zusatz gelöschten Kalkes versehen ist, gut zu verschmieren. Dieses Bestreichen mit Baumkitt hat noch den Nutzen, wenn es im Spätherbste bey trockner Witterung geschieht, daß dadurch sowohl die an den Stämmen befindlichen Flechten oder Moos, als auch die zwischen der Rinde sich aufhaltenden Insecten oder deren Bruten, vertilgt werden, und die Stämme eine sehr reine und glatte Rinde bekommen.

Fr. Was soll noch vor Winter geschehen?

A. In den rauhen kalten Gegenden Bayerns wird es frischgepflanzten Obstbäumen sehr zuträglich seyn, wenn vor Winter die Oberfläche der Erde etwa 3 Fuß im Durchmesser rings um den Stamm, mit altem Kuhdünger oder Laub bedeckt wird. Dadurch wird das Eindringen des Frostes zu den jungen Wurzeln verhindert. Im darauf folgenden Frühjahre wird dieser Dung, sobald keine durchdringende Kälte mehr zu befürchten ist, wieder weggenommen; denn das Düngen der Obstbäume ist nur bey alten entkräfteten und kranken Bäumen nöthig d. h. wenn die Krankheit von der Magerkeit des Bodens herrühret. Viele Obstbäume können sogar das Düngen nicht vertragen; z. B. die Kirschen zc.

Fr. Wie werden die Hochstämme in den folgenden Jahren behandelt?

A. Im Frühjahre des zweyten und in den darauf folgenden Jahren werden vor allem die ausgestorbenen Bäume, nach der bereits angegebenen Weise nachgepflanzt. Diese Baumgruben, worauf solche Bäume gestanden, müssen aber schon vor Winter aufgegraben, und zum wenigsten derjenige Raum, wo die Wurzeln unmittelbar zu stehen kommen, muß mit frischer nahrhafter Erde ausgefüllt werden.

Im Monat März und April werden die Bäume nach der Regel beschnitten, alles dürre oder schadhafte Holz wird herausgenommen, wie auch die Austriebe am Stamme; die größeren Schnitte, so wie auch die übrigen Schäden oder Wunden werden mit Baumkitt sorgfältig verstrichen.

Bey dem Baumschneiden nimmt man auch die vorhandenen Raupennester, oder Bruten von Insekten, fleißig von den Bäumen.

Darauf untersucht man die Bänder der Bäume, ob sie noch haltbar und mit Moos unterlegt sind, oder ob diese vielleicht in die Rinde des Stammes einschneiden. In diesen Fällen müssen die Bäume, nach den früher bemerkten Regeln, frisch gebunden werden, aber so, daß der Bund nicht auf die nämliche Stelle, sondern nach Umständen, darüber oder darunter zu liegen kömmt. Wenn nun alles dieses geschehen ist, und die Erde nicht mehr betreten wird, lockert man die Baumscheiben entweder durch seichtes Umgraben oder durch Behacken auf.

Fr. Was hat man fernerhin während des Sommers zu verrichten?

A. Während anhaltender Hitze ist es den jungen Bäumchen auch noch im zweyten Sommer sehr zuträglich, sie zu begießen, besonders wenn man Gelegenheit dazu hat; weil dadurch ihr Wachsthum sehr begünstiget wird. Das Nachsuchen der Raupen ꝛc. muß ebenfalls fortgesetzt werden, ebenso die Untersuchung der Bänder. Die Austriebe an den Stämmen müssen weggeschnitten, und die Baumscheiben vom Unkraute gereiniget werden.

Fr. Wie lange verlangen die Hochstämme solche Pflege?

A. Diese Behandlung wird jedes Jahr wiederholt, und so lange fortgesetzt, bis die Bäume ein mannbares Alter erreicht haben, d. h. wenn sie Früchte zu tragen anfangen. Alsdann werden die hochstämmigen Obstbäume nicht mehr beschnitten, sondern man nimmt bloß die unnützen, beschädigten oder dürren Aeste aus der Krone, (wenn sie stark sind, mit einer guten Baumsäge). Nur diejenigen werden noch fortbe-schnitten, die kein gesundes, rasches Wachsthum zeigen. Man kann nun auch die Baumscheiben, bis auf einen Fuß vom Stamme entfernt, mit Rasen überwachsen lassen, und hat, außer den früher erwähnten Untersuchungen, nichts wei-ter mehr zu thun, als durch den alljährigen reichlichen Er-trag ihrer Früchte den Lohn seiner zeitherigen Unkosten und Bemühungen zu ärndten.

b. Von den Zwergbäumen.

Fr. Was sind Zwergbäume?

A. Zwergbäume nennt man alle diejenigen Bäume, welche nicht als Hochstämme erzogen werden, sondern durch einen künstlichen Schnitt gewisse niedrige Formen erhalten. Hier-her gehören:

1. die Pyramiden oder Nockenbäume,
2. die Kesselbäume,
3. die Kugelbäume, und
4. die Spalierbäume.

Fr. Warum erzieht man solche unnatürliche Bäume?

A. Die Veranlassung zur Bildung der Zwergbäume ist diese: Es gibt eine Menge edler, zärtlicher Obstsorten, die als Hochstämme ein kälteres Klima nicht ertragen können, oder als solche keine dauerhafte Bäume geben, keine so schöne, schmackhafte Früchte und in geringerer Zahl liefern. Solche Obstsorten sind: fast alle Pfirsiche, Abrikosen, die edle-ren Sorten von Weinreben, viele Kirschen- und andere Steinobstarten, die feinen Aepfel- und Birnsorten 2c.

Ein anderer Beweggrund, solche Zwergbäume zu erzie-hen, ist, weil sie nicht so viel Raum, als Hochstämme, ein-nehmen, und man daher mehrere Obstsorten in Gärten unterbringen kann; wohl auch weil man mit denselben Wände bekleiden will.

Fr. Unter welchen Bedingungen können Zwergbäume erzogen werden?

A. Die zu Zwergbäumen bestimmten Obstsorten müssen schon in der Baumschule dazu vorbereitet werden. Zu diesem Zweck werden sie ein oder anderthalb Fuß hoch über dem Boden veredelt, und bey der Veredlung gleich auf solche Grundstämme gesetzt, die ein passendes Wachsthum hierzu haben. (Das nöthige hierüber wurde in dem Kapitel über Veredlung abgehandelt).

Fr. Wohin eignen sich die Zwergbäume im Allgemeinen?

A. Die Zwergbäume im Allgemeinen fordern zur guten Pflege einen sachkundigen Gärtner oder Liebhaber, und eignen sich deswegen nur für Gärten und Zwinger und nicht für den Landmann ins freye Feld. Daher werden hierüber auch nur die Hauptregeln, nach welchen sie erzogen und behandelt werden, angeführt.

Fr. Was ist beym Verpflanzen der Zwergbäume zu berücksichtigen?

A. Bey dem Verpflanzen dieser Art Bäume aus der Baumschule an ihre Bestimmungsorte, sind alle dieselben Punkte, die bey der Versetzung der Hochstämme angeführt wurden, genau zu berücksichtigen, und alle dort angegebene Arbeiten werden, mit einigen Ausnahmen, ebenso beym Verpflanzen dieser Bäume verrichtet.

I. Von den Pyramiden- oder Rocken-bäumen.

Fr. Was versteht man unter Pyramiden- oder Rockenbäumen?

A. Bäume deren Stamm von der Erde bis zum Gipfel

auf allen Seiten, so regelmäßig mit Aesten bewachsen ist, daß er die Form einer Pyramide darstellt.

Fr. Welchen Vortheil gewähren die Pyramid-Bäume?

A. Daß diese Bäume weniger Platz einnehmen, nicht so sehr beschatten, und vorzüglich gutes und schönes Obst liefern.

Fr. Welche Bäume eignen sich am besten hierzu?

A. Im Allgemeinen eignen sich hierzu die Kernobstsorten besser, als das Steinobst, es gibt sogar viele Birn- und Aepfelsorten, die selbst als Hochstämme gezogen in Pyramidform wachsen, denen also diese Form von der Natur aus eigen ist. Als z. B. der Wildling von Motte, die Hermannsbirne rc. Indessen giebt es doch auch Kirschen und Pflaumen, welche diese Form annehmen und reichlich Früchte tragen.

Fr. Wie wird ein Pyramid-Baum erzogen?

A. Der veredelte Herztrieb wird, nachdem er stark ist, auf 4 oder 6 Augen abgeschnitten, damit der Baum gleich von unten weg Seitenäste treibt, und der Grund zu seiner künftigen Form gelegt wird. Darauf wählt man im zweiten Jahre den stärksten und geradesten zum Leitzweige, kürzt diesen wieder auf einige Augen ein, gibt den Seitenästen so viel wie möglich eine wagerechte Richtung, und beschneidet sie auf 2 oder 3 schicklich stehende Augen; so wird dieser Baum alljährlich mit stäter Rücksicht auf seine Form beschnitten.

Fr. Wo werden Pyramidbäume am schicklichsten hingepflanzt?

A. Da Pyramidbäume mehr Wartung und Aufsicht, als Hochstämme, bedürfen, so taugen sie nicht ins freye Feld, sondern werden in Gärten, oder an andere befriedigte Plätze gepflanzt.

Fr. In welcher Entfernung oder Weite werden sie gepflanzt?

A. Weil Pyramidbäume weniger Raum, als Hochstämme nöthig haben, so pflanzt man sie, wenn man das Land noch zum Gemüsebau benützen will, 18 bis 20, im widrigen Falle aber nur 15 Fuß weit auseinander.

2. Von den Kesselbäumen.

Fr. Was ist ein Kesselbaum?

A. Ein Kesselbaum hat gewöhnlich nur einen zwey Fuß hohen Stamm, und die Krone bildet eine Kesselform (*).

Fr. Auf welche Art werden Kesselbäume erzogen?

A. Man schneidet das Edelreis auf 4 Augen ab, die aus diesen Augen entstehenden Zweige werden im künftigen Frühjahre nach ihrer Beschaffenheit auf 3 — 4 Augen beschnitten, und durch alljährliches, regelmäßiges Beschneiden diese immer mehr verlängert, und neue mit herangezogen. Nachdem mehrere Aeste vorhanden sind, und eine gewisse Größe erreicht haben, so werden innerhalb derselben Reife angebracht, und die Aeste daran gebunden und dadurch an ihre Form gewöhnt.

Fr. Wie werden die Kesselbäume alljährlich behandelt?

A. Die Kesselbäume müssen alle Jahre gehörig beschnitten und ihre Krone besonders offen gehalten, von schadhaften, dürren Aesten befreyt, und wie andere Bäume vom Ungeziefer gereiniget werden. Wenn der Baum seine Form erhalten hat, und die Aeste so stark sind, daß sie in der

---

(*) Die Kesselform wird auch mit großem Vortheil bei Bildung der Krone hochstämmiger Bäume angewendet. Erstens wegen der schöneren Form, zweitens, weil sie mehr und schönere Früchte tragen, indem Luft und Sonne mehr Zutritt ins Innere der Krone haben.

ihnen gegebenen Richtung bleiben, so werden die Reise herausgenommen.

Fr. Welchen Nutzen gewähren die Kessel-
　　bäume?

A. Daß man viele Bäume, welche unter andern Formen nicht gerne Früchte tragen, in dieser erziehen kann, und da sie offene luftige Kronen haben, reichliches und gutes Obst liefern.

3. Von den Kugelbäumen.

Fr. Was nennt man Kugelbäume?

A. Kugelbäume haben, wie die Kesselbäume, kurze Stämme und fast dieselbe Form, nur daß die Kronen oben nicht ganz offen sind, und sich der Kugelform nähern *).

Fr. Wie werden die Kugelbäume gezogen?

A. Auf dieselbe Art, wie die Kesselbäume, und der Baumschnitt beruht auf denselben Grundsätzen.

Fr. Welche Obstsorten eignen sich besonders
　　gut dazu?

A. Das Steinobst eignet sich besonders dazu; denn dieses bildet die schönsten Kugelformen, als z. B. viele Arten Sauerkirschen und Weichseln, ganz vorzüglich die Ostheimer Weichsel, Pflaumen und Abrikosen ꝛc.

Fr. Welches sind die passendsten Plätze für
　　diese Art Bäume?

A. Die Kugel- so wie die Kesselbäume eignen sich mehrentheils auch nur für Gärten, auf Terrassen oder auf eingezäunte geschützte Wiesgründe. Sie werden in der nämlichen Entfernung, wie die Pyramidbäume, gepflanzt. Werden aber diese beyden Arten von Bäumen, wie das auch

---

(*) Auch diese Form eignet sich für Kronen der Hochstämme.

geschehen kann, zwischen die Hochstämme gesetzt, so müssen sie so weit auseinander gepflanzt werden, daß die Kessel und Kugelbäume Luft und Sonne bekommen, und nicht von den Hochstämmen überwachsen oder erstickt werden. Solche gemischte Obstbaumpflanzungen lassen sich sehr vortheilhaft auf Abhängen anbringen.

4. Von den Spalierbäumen.

Fr. Was ist ein Spalier- oder Wandbaum?

A. Schon der Name charakterisirt diese Art Bäume; es sind nämlich solche, deren Aeste durch die Kunst nach zwei Seiten in flacher Richtung an Lattenwerk oder Geländer gebunden sind und an Mauern, Bretterwänden 2c. stehen.

Fr. Welchen Nutzen gewähren die Spalierbäume?

A. In dieser Art Bäume kann man vorzüglich die feineren, gegen das kältere Klima empfindlichen Obstsorten kultiviren. Man ärndtet von ihnen die auserlesensten Früchte, und sie dienen zu gleicher Zeit als eine wahre Zierde und schöne Bekleidung der Wände, oder als Einfassungen zu Unterabtheilungen in großen Gärten.

Fr. Welche sind die schicklichsten Lagen für Spaliere und welche Obstbäume verlangen allda einen Stand?

A. Die Spalierbäume können wegen ihrer mannigfaltigen Pflege nur in Gärten, an Wände von Häusern oder Terassen in Weinbergen 2c. gepflanzt werden, und zwar: an Mauern in südöstlicher, besser aber, südlicher und südwestlicher Lage; alle Sorten Trauben, Pfirschen und Abrikosen; an ähnlichen Orten mit östlicher oder westlicher Lage, die edlen Kirschen, Pflaumen, die feinern Aepfel- und Birnsorten, und gegen Nordwesten kann man noch gemeine Pflaumen und Aepfelsorten 2c. pflanzen.

Fr. Wie werden die Spalierbäume erzogen.

A. Es giebt verschiedene Arten die Spalierbäume zu erziehen und zu bilden, die gebräuchlichsten und schönsten sind folgende:

    a) nach der Fächerform, und

    b) mit dem Leitzweige.

zu a.

Fr. Wie werden die Bäume zur Fächerform gezogen?

A. Man schneidet den Edeltrieb im ersten Jahre auf 3 Augen. Wenn alle 3 Augen ausgetrieben haben, so wird der dritte unschickliche Trieb schon nach Johanni abgeschnitten, und die übrigen zwey werden an Pfähle, (wenn der Baum noch in der Schule steht) oder ans Spalier angebunden, und dieses sind die ersten Grundlagen zur künftigen Form. Im Frühjahre darauf werden diese Zweige, nach dem Verhältnisse ihrer Kraft auf 3 oder 4 Augen geschnitten, und von den aus diesen Augen entstehenden Zweigen, das Jahr darauf die zwey passendsten zu ferneren Zugästen gewählt, nach der Regel geschnitten und in schiefer Richtung angebunden. So fährt man alljährlich fort, mit der Beachtung, daß keine Seite die andere überwachse.

zu b.

Fr. Wie bildet man die Spalierbäume mit dem Leitzweige?

A. Der Edeltrieb wird, wie bey der vorigen Art, auf 3 Augen abgeschnitten; der oberste Trieb aber nicht weggenommen, sondern zum Leitzweige gewählt, und wenn er nicht zu stark ist, senkrecht, im widrigen Falle aber, schief angebunden, und die beyden Seitenzweige werden wagrecht angeheftet. Im zweyten Jahre wird dieser Herztrieb, nach dem Verhältnisse seiner Kraft, auf 4 bis 6 Augen, und die Seitenästchen auf 3 Augen eingekürzt, und nach ihrer frühern Richtung angebunden. So wird nun jedes Jahr, durch einen geschickten Baumschnitt, der Leitzweig in senkrechter

6

Richtung in die Höhe, die Seitenäste aber auf die beyden
Seiten in gleicher Richtung fortgezogen. Ist ein oder das
andere Seitenästchen zurückgeblieben oder zu schwach, so müssen diese sehr kurz geschnitten werden, um die Triebkraft zu
reitzen; dagegen werden die starken Triebe flüchtig, d. h.
länger beschnitten. Alle, nach vorne, oder rückwärts treibende Zweige werden weggenommen, und so der Baum nach
den gegebenen Regeln in der Richtung gehalten.

Fr. Welches ist unter diesen beyden die
schönste und zweckmäßigste Form?

A. Nach der Einen so wie nach der Andern können schöne
Bäume erzogen werden; allein es giebt Obstsorten, namentlich die Pfirsiche, welche unter der letzten Form nicht gut
fortkommen, diese gedeihen besser unter der Fächerform.

Fr. In welchem Alter und wie sollen die
Spalierbäume gepflanzt werden?

A. Diese Art Bäume soll, sobald als sie in der Baumschule ihre erste Bildung erhalten haben, verpflanzt werden;
weil man ältere Bäume sehr zurückschneiden muß, und sie
sich dennoch nicht mehr schön mit Aesten bekleiden. Viele
pflanzen deßwegen schon den unveredelten Wildling ans Spalier, und veredeln ihn an Ort und Stelle, damit der Baum
durch das Versetzen ja nicht gestört wird, sondern üppig
fortwachsen kann.

Die Spalierbäume werden, nachdem die Wurzeln und
die Aeste gehörig beschnitten sind, beym Einpflanzen so gestellt, daß der Wurzelstock 1½ Fuß weit von der Wand entfernt ist, damit sich der Wurzelstand nicht einseitig, sondern
nach allen Seiten ausdehnen kann, und der Baum mit seinen Aesten in schräger Richtung, aber flach an das Spalier zu stehen kömmt.

Fr. In welcher Entfernung sollen die Spalierbäume gepflanzt werden?

A. In warmen Gegenden, als in Weinländern, in

vortheilhaften Lagen, und wenn die verschiedenen Obstsorten ihren passenden Boden finden, werden die Spalierbäume alt und breiten sich weit aus. Man hat Beyspiele, daß, unter günstigen Umständen, ein einziger Baum eine Fläche an der Wand, von 25 bis 30 Fuß lang und 12 Fuß hoch vollkommen und schön bekleidete. Unter solchen Verhältnissen müssen auch die Bäume, 20 bis 24 Fuß weit auseinander gesetzt werden. Wo die Wände sehr hoch sind, kann man zwischen zwey Spalierbäume einen Weinstock pflanzen. Dieser wird alsdann mit zwey oder drei Leitzweigen nach und nach über die Bäume gezogen; und breitet sich sodann mit seinen Zweigen über den Bäumen aus. Anpflanzungen der Art sind in vortheilhaften Lagen sehr empfehlungswerth, indem solche Wände nicht nur einen herrlichen Anblick gewähren, sondern auch zweyfachen Ertrag liefern.

In mittelmäßigen Lagen, pflanze man sie nach den verschiedenen unterzubringenden Obstsorten, 12 bis 15 Fuß weit auseinander. Pfirsiche können in rauhen Gegenden am nächsten stehen, weil sie da selten alt werden, oder alljährlich viel Holz erfriert.

Fr. Wie werden die Spalierbäume im Jahre hindurch behandelt?

A. Im Frühjahre, im März oder April, wenn keine Kälte mehr zu befürchten ist, werden die Aeste der Spalierbäume abgelöst und nach den bestehenden Regeln beschnitten. Darauf die Wunden oder sonstige Schäden mit Baumkitt verstrichen, und alle Aeste nach ihrer Form wieder an das Spalier gebunden. Gegen Johannis müssen sie buschirt werden, d. h. alle seit dem Beschneiden ausgetriebene brauchbare Zweige müssen an das Spalier gebunden, die unnützen aber ausgeschnitten werden. Zu letzteren gehören alle diejenigen, die vorne oder hinten, oder zu dicht beysammen stehen; nur im Falle, daß einer oder der andere eine Lücke ausfüllen, oder einen schadhaften Ast ersetzen muß, wird derselbe eingebunden, und was zu Fruchtspießen brauchbar ist, wird auf Sporne geschnitten.

6 *

Bey den Weinstöcken geschieht dasselbe; die starken mit Blättchen versehenen Triebe werden ausgegeizt, d. h. alle kleine aus den Blattwinkeln gekommene Triebe werden ausgebrochen, die schwachen oder unnützen an dem alten Holze, die gleichsam als Räuberäste erscheinen, indem sie den brauchbaren Aesten die Nahrung entziehen, werden ebenfalls weggeschnitten. Darauf werden alle übrige Aeste sorgfältig und so angebunden, daß sie die Wand regelmäßig decken.

Fr. Wie oft wird diese Arbeit verrichtet?

A. Diese Arbeit wird im August nochmals wiederholt, und dann stutzt man auch die zu stark treibenden Aeste, und besonders die Reben ein, an denen Trauben hängen.

Während anhaltend trockner Witterung ist es auch den Spalierbäumen sehr wohlthätig, wenn sie gut begossen werden, besonders in Sandböden.

Fr. Was hat man beym Buschiren zu beobachten.

A. Daß man keine Zweige über- oder aufeinander bindet, saubere, nette Bänder macht, und die ältern, welche etwa einschneiden, auflöst und frisch bindet.

Fr. Was wird zum Binden genommen?

A. Zum Binden nach dem Schnitt im Frühjahre, nimmt man schöne dünne Weiden, und beym Buschiren, Binsen, Simsen oder Bast.

Fr. Was geschieht vor Winter?

A. Im Spätherbste, nachdem die Blätter abgefallen sind, ist es besonders in den rauhen Gegenden Bayerns sehr rathsam, die Weinstöcke von dem Spaliere ganz abzulösen, in einen oder zwey Bündel zu binden, und längs der Wand in die Erde zu graben, oder in Stroh einzubinden und außerhalb der Erde an den Fuß der Bäume zu legen, wo sie alsdann mit diesem nochmals bedeckt werden. Die Pfirsich- und Abrikosenbäume aber sollen entweder mit Tarreifern oder Rohr, oder Strohmatten bedeckt werden. Dieses geschieht, indem man die Tarreiser von unten nach oben Dachziegelförmig so über einander an das Spalier anbindet, daß die Bäume vollkommen bedeckt sind. Die Bedeckung von Rohr oder Strohmatten ist zwar kostspieliger als jene, kann aber dafür mehrere Jahre, und auch außerdem noch benutzt werden. Man macht sie am besten zwischen hölzerne Rahmen, die so hoch als die Mauer seyn müssen; diese werden alsdann während des Winters bloß vorgestellt, und mit Weiden an das Spalier festgebunden.

Fr. Wozu dient diese Bedeckung?

A. Diese Bedeckung dient, um vorzüglich das gefähr= liche Glatteis während des Winters, und ganz beson= ders im Frühjahre, wenn die Augen anschwellen, zu verhüten ebenso die heftigen Sonnenstrahlen während der ungünstigen Jahreszeit abzuhalten. Deßwegen ist es auch rathsam, selbst nach dem die Bäume beschnitten sind, bey eintretendem kalten Wet= ter oder Spatfrösten, die Decken noch vor die Bäume zu stellen.

Fr. Aus was kann man die Geländer oder
Spaliere verfertigen?

A. Man macht dieselbe von Wein = oder schmälern eigens dazu geschnittenen eichenen oder tannenen Latter. Es werden nämlich, je nachdem die Wand hoch ist, 2 oder 3 starke Latten nach der Quere mit eisernen Stiften an die Wand und auf diese die andern senkrecht 6 bis 8 Zoll weit auseinander, mit Nägeln oder Eisendraht festgemacht: oder man stellt die hintersten aufrecht, und die vordern nach der Quere; indessen ist diese Art Spalier nur für Weinstöcke pas= send. Sie werden entweder mit grüner Oelfarbe angestrichen, oder bleiben rauh; ersteres ist nicht nur schöner, sondern auch dauerhafter. Streicht man die ganze Wand schwarz an, so vermehrt dieses die Sonnenwärme, weil die schwarze Farbe die Wärme aufnimmt, und dem zu Folge werden die Früchte eher reif.

Sechstes Kapitel.

Von dem Baumschnitte.

Fr. Was versteht man unter Baumschnitt?

A. Das Verfahren, wodurch der Baum durch zweckmä- ßige Hinwegnahme gewisser Theile veranlaßt wird, an den geeignetsten Orten Fruchtaugen anzusetzen.

Fr. Giebt es allgemeine Regeln für den Baumschnitt?

A. Allerdings, doch werden dieselben durch Oertlichkeit, Art des Baumes und seiner Form mannigfaltig verändert.

Es ist daher ein gründlicher, faßlicher Baumschnitt, durch welchen eigentlich alle die zeither abgehandelten Baum- formen gebildet werden, schwer aus der Theorie oder Be- schreibung zu erlernen. Diese Kunst erfordert viele Kennt- nisse, Erfahrung und Uebung, und ein gewisses Talent des Gärtners.

Es werden also hier nur die Grundsätze und allgemeinen Regeln des Baumschnittes erörtert, in so ferne er auf die zweckmäßige Bildung und Pflege der Obstbäume im Allge- meinen, und besonders auf die Hochstämme (die sich allein aufs Land eignen), Einfluß hat; dadurch wird sich der Land- mann in den Stand gesetzt finden, seine Obstbäume be- schneiden zu können.

Fr. Was ist der Zweck des Baumschnittes?

A. Man kann 1) einem Baume eine schönere, gefälligere Form geben; 2) in allen seinen Theilen ein Gleichgewicht des Saftes herstellen; um ihm dadurch eine kräftige Gesundheit zu bewahren, und 3) ihn nöthigen, bessere und reichlichere Früchte zu bringen.

Fr. Wann ist die geeignete Zeit, um die Obstbäume zu beschneiden?

A. Im Allgemeinen sollen die Obstbäume während der Zeit beschnitten werden, wenn der Saft nicht in Bewegung ist; und dieß wäre vom November bis April; allein in den kältern Gegenden Bayerns ist es rathsamer, sie vom März bis in halben April zu schneiden. Dann macht man gewöhnlich den Anfang mit den hochstämmigen Aepfel= und Birnbäumen, fährt mit den Steinobstsorten fort, und zuletzt folgen die Spalierbäume nach der Reihenfolge ihres Austreibens.

Fr. Auf was beruht der gründliche Baumschnitt?

A. Auf der Kenntniß der Augen oder Knospen des Holzes d. h. der Zweige, und in einer richtigen Beurtheilung des Zustands eines Baumes.

Fr. Was nennt man das Auge, oder Knospe an einem Baume?

A. Die stehenbleibende Anlage eines Zweiges mit seinen Blättern oder Blumen. Auf der Entwicklung derselben beruht die ganze Fruchtbarkeit des Baumes; und ihre Förderung, regelmäßige Stellung und Veredlung zu solchen, welche reichliche Blumen tragen, ist eigentlich die Hauptaufgabe des Baumschnittes.

Fr. Gibt es mehrere Arten von Knospen oder Augen?

A. Allerdings, namentlich ihrem Inhalte nach dreierley, d. h. solche die a) bloß die Anlage zur Entwickelung von Blättern auf ihrer Spindel (dem Zweig); b) bloß die Anlage zu Blüthen und c) die Anlage zu beyden Theilen ent-

halten. Die ersten nennt man Blatt= die andern Blü=
then= oder Frucht=, die dritten gemischte Augen oder
Knospen.

Fr. Was hat also der Baumschneider rück=
sichtlich der Knospen zu beobachten?

A. Er muß die Lebenskraft des Baumes so lenken und
anleiten, daß dieser, auf Kosten der Blattknospen, die Blü=
then= und gemischten Knospen voller und reichlicher entwickelt.

Fr. Was ist daher dem Baumschneider fürs
erste zu wissen nöthig?

A. Er muß die Frucht= oder Tragknospen von den
Blattaugen wohl unterscheiden können. Dies ist nicht immer
ganz leicht, besonders deshalb, weil manche Augen, wenn
sie auch fürs erste selbst keine Früchte geben, dennoch Holz
liefern können, das im nächsten Jahre gute Fruchtaugen
ansetzt. Solche fürs erste unfruchtbare Augen nennt man
Holzaugen und sie sind von dem Baumschneider eben so sehr
zu berücksichtigen, als die wahren und ausgebildeten Frucht=
augen.

Fr. Was hat nun der Baumschneider zu thun,
wenn er die Knospen kennt; muß er
etwa diese beschneiden, oder abschnei=
den, um dem Baume die gehörigen Ei=
genschaften zu ertheilen?

A. Nein, das wäre eine eben so langwierige, als
vergebliche Arbeit; er muß auch die Zweige worauf die Au=
gen sitzen, kennen, und an ihnen führt er dann den Baum=
schnitt aus, wodurch er zu seinem Zwecke gelangt.

Fr. Es giebt also auch verschiedene Arten von
Zweigen; welches sind diese?

A. Man unterscheidet an einem Baume folgende Zweige,
als: nützliche und unnützliche.

Zu den a) nützlichen gehören:

1) die Leitzweige,
2) Fruchtruthen und Fruchtspieße,
3) Blüthenzweige.

Zu den b) unnützlichen oder schädlichen:
1) die Wuchertriebe,
2) die Wasserloden oder Wasserreiser,
3) die falschen oder schwachen Triebe.

zu a.

Fr. Was sind die Leitzweige?

A. Diejenigen Triebe, welche aus den äußersten Augen eines vorjährigen Zweiges entstehen, also unmittelbar das Fortwachsen des Baumes nach den verschiedenen Richtungen befördern, und dem Baume hauptsächlich die Gestalt geben. Sie sind daher die Grundlagen aller übrigen, und in so ferne dem Baume unbedingt nöthig. Wenn ein Baum alljährig keine neue Leitzweige treibt, so steht sein Wachsthum still, und er treibt nur Fruchtaugen, oder auf alten Aesten Wasserreiser.

Fr. Was versteht man unter Fruchtruthen?

A. Fruchtruthen sind dünne, über einen Fuß lange Triebe, welche mit schönen vorstehenden Augen versehen sind, und nicht unmittelbar die Gestalt des Baumes angeben, sondern den Hauptästen und Leitzweigen untergeordnete Stellungen haben.

Häufig sind es Seitentriebe von einjährigen Zweigen. Es giebt auch kürzere, welche schon oft im ersten Jahre mit einem Blüthenauge versehen sind, besonders bey Birnen; die längeren haben an der Spitze Blattaugen, und werden nicht beschnitten, sondern bloß über der Klinge des Messers abgebrochen, worauf sich im folgenden Jahre Fruchtaugen oder Fruchtspieße daran bilden. Solche Zweige sind gewöhnlich an dem unteren Theile, mit 2 oder 3 Augen versehen, von welchen man im Nothfalle Holz erhalten kann.

Fr. Was nennt man Fruchtspieße?

A. Die Fruchtspieße sind kleine, fast dornartige Triebe,

entstehen entweder an den Leitzweigen oder an den Fruchtruthen, auch an alten Aesten, sind zum Fruchttragen bey
den Kernobstsorten wesentlich, und an ihnen entstehen später
die Mutterkuchen.

Fr. Was sind Blüthen-Bouquetzweige?

A. Sie sind das bey den Steinobstsorten, was die
Fruchtspieße beym Kernobste sind. Sie haben ihren Namen
von ihrer Gestalt, weil sie an ihren Spitzen viele Blüthen
anzusetzen pflegen.

zu b.

Fr. Welche Triebe nennt man Wuchertriebe?

A. Diejenigen, welche auf allen, der Sonne ausgesetzten Aesten hervorkommen, senkrecht und sehr üppig in die
Höhe schießen. Sie entziehen den Aesten, wo sie stehen, den
Nahrungssaft, deßwegen soll man sie frühzeitig wegschneiden. An Pfirsichen, Birnen rc. kommen sie am häufigsten vor.

Fr. Was versteht man unter Wasserreiser?

A. Diejenigen Triebe, welche den Wuchertrieben ganz
ähnlich sind, sich aber dadurch von denselben unterscheiden,
daß sie von festerem Holze und viel schmächtiger sind. Sie
entstehen gemeiniglich an alten oder kranken Bäumen und
dienen manchmal zur Verjüngung der Bäume, oder an
Spalierbäumen Lücken auszufüllen.

Fr. Welches sind die schwachen oder falschen
Triebe?

A. Es sind diejenigen Zweige, welche gewöhnlich um
die Wunden starker abgeschnittener Aeste oder Wurzeln her-
vorbrechen, sehr dünne sind, und deren Spitzen zuweilen in
gebogener Richtung wachsen.

Fr. Worin besteht die richtige Beurtheilung
eines Baumes?

A. Um einen Baum richtig zu beurtheilen, muß der

Gärtner mit einem unbefangenen Blicke und einer sorgfälti=
gen Prüfung ermitteln, was an ihm gut, was schlecht,
hoffnungsreich oder unnöthig ist, um nur das Gute an ihm
zu lassen und das schlechte durch den Schnitt zu bestimmen,
hoffnungsreich zu werden.

Denn ebenso, wie ein Arzt durch den Puls und die andern
äußeren Zufälle (Symptome) 2c. die Krankheit eines Menschen
erkennt; so muß auch der geschickte Gärtner, oder sachkun=
dige Liebhaber, den Zustand des Baumes nach seinem Aus=
sehen, Wachsthum und der Tragbarkeit, zu beurtheilen wis=
sen. Diese Beurtheilung oder gründliche Kenntniß, kann
man sich bloß durch vielfältige Beschäftigung mit den Obst=
bäumen und aus der Erfahrung zueignen.

Fr. Was hat man also beym Beschneiden der
Obstbäume vorzüglich zu berücksich=
tigen?

A. Erstlich ihre Gestalt oder Form, zweytens ihr
Wachsthum, und drittens ihre Fruchtbarkeit. Auf
diese drey Punkte stützen sich die allgemeinen Regeln des
Baumschnittes: Es soll nämlich ihre Form ausgebildet und
erhalten, also ein langsam wachsender Baum zum
Treiben gereizt, deßwegen kurz gehalten, ein raschwach=
sender im Wachsthume zurückgehalten, also nur wenig und
flüchtig beschnitten werden. Ebenso muß man Bäumen, die
durch zu vieles Tragen geschwächt sind oder erkranken,
Fruchtholz ausschneiden und sie auf den Holztrieb reizen;
und die unfruchtbaren Bäume zum Fruchttragen nöthigen.

Fr. Welcher Instrumente bedient man sich
zum Beschneiden der Bäume?

A. Bey dünnen Zweigen eines Gartenmessers und bey
älteren Aesten einer Baumsäge. Ferner hat man zum Be=
schneiden der Hochstämme eine doppelte Leiter nöthig.

Fr. Wie soll der Schnitt vollführt werden?

A. Der Schnitt muß im Allgemeinen kurz, und nahe

über einem Auge, und zwar so geschehen, daß die Schnittfläche hinter dem Auge erscheint.

Fr. Wie werden die Hochstämme beschnitten?

A. In den ersten Jahren hat man ganz besonders auf
die Bildung einer schönen gleichförmigen Krone hinzuarbei-
ten. Es werden vorerst drey oder vier der schicklichsten Aeste
zum Grunde gelegt, diese als Leitzweige behandelt und auf
4 bis 6 Augen geschnitten; aus diesen werden nun, nach
und nach, die übrigen zur Bildung der Krone gehörigen
Leitzweige gezogen. Wo zu viele Aeste beysammen stehen,
also die Krone zu buschig ist, werden die unschicklichsten
Zweige herausgeschnitten, desgleichen alle jene, die innerhalb der Krone erwachsen, oder welche sich kreuzen, und die
zu weit vorwachsenden; oder die zu langen Fruchtruthen
werden gestutzt. Auf diese Art wird der Hochstamm von
Jugend auf, und so lange beschnitten, bis die Krone nach
der Kessel-, oder Kugelform gebildet ist; alsdann unterbleibt
das Beschneiden der Leitzweige, und man nimmt es nur
bey älteren Bäumen in gewissen Fällen vor. (Bey den
Steinobstsorten muß das Beschneiden frühzeitig unterbleiben,
besonders bey den Kirschen und mehreren Pflaumenarten,
indem sie den Schnitt nicht wohl ertragen).

**Fr. Welches sind diese Fälle, wo das Beschnei-
den bey Hochstämmen noch angewendet
werden muß?**

A. Wenn die Aeste zu dicht stehen, besonders innerhalb
der Krone, oder sich einander berühren, und auf einander
liegen und eine Reibung veranlassen, wodurch Brandflecken
entstehen; oder wenn sie zu stark gegen die Erde hängen;
oder die ersten, obersten Leitzweige zu schlank und biegsam
sind. Ferner wenn Wasserschößlinge oder Wachertriebe am
Stamme unterhalb der Krone auf alten Aesten erscheinen,
und nicht verwendet werden können. Bey kranken oder alten,
im Wachsthum erschöpften Bäumen wird das Beschneiden

sehr wohlthätig auf die Erholung oder Verjüngung solcher Bäume.

Fr. Wie werden solche Bäume beschnitten?

A. In solchen Fällen schneidet man alle alte unbrauchbare Aeste zum Theile ganz weg oder bis an solche Stellen, wo Wasserreiser stehen; oder wo der Baum noch gesund, und auf sein Austreiben zu rechnen ist. Dieses muß aber immer mit Rücksicht auf die Gestalt geschehen. Die Sägeschnitte werden mit dem Gartenmesser glatt geschnitten; und darauf alle Wunden mit Baumkitt gut verstrichen. Wenn der Hauptstamm und einige Aeste noch gesund sind, so kann man auch einen solchen Baum durchs Pfropfen zwischen die Rinde recht zweckmäßig verjüngen.

Fr. Wann muß ferner der Schnitt angewendet werden?

A. Bey Bäumen, die keine Holztriebe mehr machen, und solchen, die zu stark tragen und dadurch entkräftet werden, nimmt man einen Theil ihres Tragholzes rein von den Aesten weg, damit sich die Schnitte leicht überwachsen. Auch müssen alljährig die kranken, erfrornen und trocknen Aeste glatt vom gesunden Holze weggeschnitten werden. Diejenigen, welche an ihren hochstämmigen Obstbäumen alle diese Regeln genau anwenden, werden stets gesunde, wüchsige, tragbare Bäume haben, die ihnen Vergnügen gewähren, und reichlichen Ersatz für die geringe Mühe liefern werden.

Fr. Ist der Schnitt der Zwergbäume eben so leicht auszuführen, als wie bey den Hochstämmen?

A. Um Zwergbäume nach den Regeln zu schneiden, sind mehr Kenntnisse und Uebung nöthig, und diesen Schnitt kann man nur aus Erfahrung lernen: es wird deßwegen dieser Gegenstand, wie schon oben erwähnt worden, nur im Allgemeinen berührt.

Fr. Worauf hat man beym Schnitt der Zwergbäume zu sehen?

A. Vorzüglich auf ihre Form und Fruchtbarkeit. Deßwegen muß man vor Allem durch einen geschickten Schnitt
ihre Leitzweige zu erhalten und fortzupflanzen suchen. Diese
werden in der Regel zwey Drittel oder drey Viertel von ihrer Länge abgeschnitten, die Fruchtruthen aber von 5 bis 6
Zoll Länge, die gleich unterhalb des untersten Leitzweiges stehen, bis auf die Hälfte eingekürzt, alle andern Zweige aber,
welche der Ordnung nach auf erstere folgen und nur 2 bis 3
Zoll lang sind, bleiben unbeschnitten stehen; sind sie aber
über drey Zoll lang, so werden sie auf das 2te Auge zurückgeschnitten.

In der weitesten Entfernung von der Wurzel ist das
Wachsthum am thätigsten; daher macht das oberste Laub-
auge den längsten Trieb. Die diesem zunächst stehenden Augen treiben dagegen nicht so stark, bilden die untergeordneten
Zweige, und sind ihrer Natur nach Fruchtruthen. Auf die
Größe und Menge kömmt es an, ob flüchtig oder stark beschnitten werden muß.

Fr. Wie wird das Steinobst beschnitten?

A. Da das Steinobst am einjährigen Holze und nicht am
ältern, wie die Kernobstsorten Früchte trägt, so ist dieser Schnitt
auch schwieriger. Man soll die Steinobstbäume bloß in
ihrer Jugend d. h. bis zu ihrer Ausbildung beschneiden, und die
alten Aeste nur, um frische Triebe und Fruchtspieße zu bekommen. Im widrigen Falle verderbt man mehr, als man nützt.
Die Pfirsiche, Abrikosen und einige Pflaumensorten sind
hiervon ausgenommen.

Siebentes Kapitel.

Von den Krankheiten der Obstbäume und den Mitteln dagegen.

Fr. Welches sind die Veranlassungen zu den verschiedenen Krankheiten der Obstbäume?

A. Die Krankheiten der Obstbäume können herrühren von einem unschicklichen Standorte, einem unpassenden Boden, von ungünstiger Witterung oder unrechter Behandlung, oder auch von äußerlicher Beschädigung.

Fr. Wie kann man dagegen helfen?

A. Sobald man die Ursachen der Krankheiten entdeckt hat, muß man sogleich die geeigneten Mittel dagegen anwenden, um sowohl dem Uebel Einhalt zu thun, als auch den Baum wieder in einen gesunden Zustand zu versetzen.

Fr. Welches sind die bekanntesten Krankheiten, denen Obstbäume unterworfen sind?

A. Der Brand, der Krebs, der Aussatz, der Harz- oder Gummifluß, die Gelbsucht, u. s. f.

Fr. Was ist der Brand, und woran erkennt man ihn?

A. Der Brand ist eine Krankheit, welche die zärteren Obstsorten, besonders aber das Steinobst häufig befällt.

Es sind trockne, schwarze Stellen auf der Rinde des Baumes, die, wenn man nicht vorbeugt, weiter um sich fressen.
Er entsteht von Spatfrösten, von allzugroßer Winterkälte,
oder Erstickung des Nahrungssaftes.

Fr. **Welches sind die Mittel dagegen?**

A. Man schneidet die Brandflecken, wenn sie nicht ganze
Aeste umlaufen, sorgfältig bis aufs gesunde Holz und Rinde
aus, und verschmiert die Wunden mit dem Forsyth'schen Baumkitt. Sind aber ganze Aeste damit behaftet, so schneidet
man sie am gesunden Holze ab, und verstreicht den Schnitt
ebenfalls mit Baumkitt.

Fr. **Was ist der Baumkrebs?**

A. Der Krebs entsteht häufig an Bäumen in tiefen
feuchten Lagen. Er ist an dem großen schwammigen Aus-
wuchse, der im Verborgenen eine ätzende Jauche enthält,
leicht zu erkennen. Es gibt 2 Arten, der offene und der
verborgene. Der ersten Art wird man leicht ansichtig; die
andere aber kann unter der Rinde schon weit um sich ge-
griffen haben, ehe man sie sieht. Sobald man ihn erkennt,
muß man diese Theile wegschneiden oder brennen, und mit
Baumkitt verstreichen; hilft dieses nicht, dann muß der
Baum, wenns möglich ist, an eine andere Stelle versetzt
werden.

Fr. **Wovon entsteht der Aussatz?**

A. Der Aussatz entsteht von einer zu großen Trockenheit
des Bodens, oder wenn der Stamm der Sonnenhitze zu sehr
ausgesetzt ist. Die Baumrinde bekömmt nämlich eine rußige,
schiefrige, abgestorbene Oberfläche. Diese Krankheit wird
durch Bewässerung des Bodens und Bestreichen der Rinde
mit Baumkitt gehoben.

Fr. **Wo rührt der Harz- oder Gummifluß
her?**

A. Der Harz- oder Gummifluß rührt von einer eigentlichen Vollsaftigkeit her, die in Folge eines zu fetten Bodens, oder zu eingeschlossener sumpfiger Lage entsteht. Beym Steinobst kömmt er am häufigsten vor. Außer der Entwässerung des Landes, oder Verbesserung des Erdreichs, werden die schadhaften Stellen ausgeschnitten und mit Baumkitt, oder einer eignen Baumsalbe, die aus einem Theile Wachs, eben so viel Terpentin, einem Theile ungesalzener Butter und zwey Theilen guter Seife besteht, gut bestrichen.

Fr. Woran erkennt man die Darrsucht?

A. Die Darrsucht wird an kleinen, auf der Rinde stellenweis sitzenden Brandflecken, Flechten und Moose; und an den dürren Endspitzen der Aeste, und Magerkeit der Blätter, kennbar. Sie entsteht von zu magerem und trocknem Lande. Um diese Krankheit zu heben, muß vor Allem im Herbste der Boden gebessert werden. Dieses geschieht, indem man die obere schlechte Erde sowohl von den Wurzeln, als auch in einiger Entfernung vom Baume rings um den Wurzelstock behutsam ausräumt und durch nahrhafte gute Erde ersetzt. Die Rinde der Bäume! wird sorgfältig gereinigt und mit Baumkitt bestrichen, oder in feuchtes Stroh oder Moos eingebunden; die Krone des Baumes aber wird von allen dürren Aesten befreyt, und scharf zurückgeschnitten.

Fr. Woher rührt die Gelbsucht?

A. Die Gelbsucht rührt gemeiniglich von einem unpassenden Boden, in rauhen Gegenden aber oftmals von lang anhaltendem kalten Regenwetter her; indem dadurch die Ausdünstung der Blätter gestört wird. Man erkennt sie leicht an der gelben Farbe der Blätter eines Baumes. Wenn der Fehler im Boden liegt, ist durch die Umänderung desselben leicht zu helfen; so wie auch durch Beschneiden des Baumes.

Es gibt nun außer diesen noch eine Menge Krankheiten, denen die Obstbäume unterworfen sind, es würde aber zu weit führen, alle dieselben hier aufzuzählen; deswegen sey nur noch zum Schluße der Verfahrungsarten erwähnt, welche anzuwenden sind, im Falle solche kranke Bäume absterben, und sie durch andere ersetzt werden sollen, und wie die durch den Wind, Schneedruck ꝛc. verunglückten Bäume zu heilen sind.

Fr. Was muß vorher geschehen, ehe man einen neuen Baum an die Stelle eines abgestorbenen pflanzt?

A. Da gewöhnlich viele der eben angeführten Krankheiten zum Theil vom Boden herrühren, und also der Krankheitsstoff noch in der Erde vorhanden ist, so würde ganz natürlich ein in dieselbe Erde gepflanzter gesunder Baum entweder gar nicht anschlagen, oder auch von derselben Krankheit befallen werden, und absterben. Um also dieser Gefahr auszuweichen, grabe man die Erde einer solchen Baumscheibe wenigstens 6 Fuß tief aus; beseitige nach Maßgabe seines Vorraths von frischer Erde, entweder alle oder doch wenigstens die Hälfte der schädlichen, und ersetze den Abgang mit frischer, nahrhafter, dem Gedeihen des jungen Baumes anpassender Erde. Diese Arbeit muß aber schon vor Winter verrichtet werden, und die Baumgruben müssen einige Zeit offen bleiben, damit die gesammte Erde recht auswittere. Während des Winters werden sie wieder in der Art ausgefüllt, daß die frische Erde mit der ältern gut vermischt wird, und 1½ oder 2 Fuß über die gewöhnliche Bodenhöhe zu liegen kömmt, damit wenn sich die Erde nach und nach setzt, der Baum nicht zu tief steht. Im Frühjahre ebnet man die Erde ab, ersetzt den Abgang, wenn sich die Scheibe schon zu stark gesetzt hätte, gräbt die ganze Oberfläche nochmals gut um, und pflanzt sodann den neuen Baum nach den früher angegebenen Regeln ein.

Fr. Wie heilt man abgebrochene, oder durch die Last der Früchte gespaltene Bäume ꝛc.

A. Solche Bäume oder Aeste, wenn sie nicht ganz abgebrochen oder gespalten sind, und also etwa nur noch ein Drittel des Stammes mit dem übrigen Theile vorzüglich der Rinde zusammenhängt, werden mit großer Sorgfalt wieder eingerichtet, und in ihre vorige Stellung gebracht; darauf alle beschädigte Theile mit dem Forsyth'schen Baumkitt tüchtig eingeschmiert, verbunden, recht gut geschindelt und der Baum oben und unterhalb einigemal mit starken Weiden oder Stricken an eine oder zwey Stangen festgebunden. Im Laufe des Jahres wird die Befestigung an den Stangen öfter untersucht, ob sie noch fest ist, der veraltete Baumkitt weggeputzt und durch neuen ersetzt.

Man hat auf diese Art schon öfter halbe Bäume sammt ihren Früchten gerettet.

Schluß.

Fr. Wenn der Obstgärtner alle Regeln, die bisher gegeben worden, fleißig befolgt hat und sich eines glücklichen Erfolges seiner Bemühungen erfreuet, bleibt ihm dann noch irgend ein Geschäft übrig?

A. Ja, der Obstgärtner wird dann Hausvater und Oekonom, er denkt daran, wie er den Segen seines Fleißes am besten benutzen, zu Gelde machen oder für seinen eigenen Haushalt verwenden kann.

Fr. Und welche sind die verschiedenen Verwendungsarten des Obstes?

A. Es kann frisch genossen oder sogleich zu Markte gebracht, eingemacht, eingekocht, gedörrt werden, oder endlich zu Branntwein, Essig, oder einem angenehmen und gesunden Getränke, dem Obstweine, veredelt werden.

Fr. Der Obstgärtner muß also bey seiner ersten Anlage auch sogleich auf die Art des für ihn schicklichsten Erzeugnisses denken?

A. Ganz gewiß; und neben der Berücksichtigung des Bodens, seines Grundstückes, des Klima's seiner Gegend u. s. w. muß er die Auswahl der Obstsorten auch nach so

7 *

nem Bedürfniß machen, wobey ihm die hier angeführten Tabellen von Nutzen seyn werden, in denen für die rauheren, dem Obstbau minder günstigen Kreise des Königreichs die geeigneten Obstsorten zusammengestellt sind. Es bleibt nun einem Jedem die Beurtheilung des Bodens seines zu bepflanzenden Grundstückes überlassen, mit der Bemerkung, daß Aepfel und Birnen in jedem nahrhaften Boden, die Kirschen und viele Pflaumenarten in Sandboden im Allgemeinen, besonders aber die Süßkirschen in letzteren; auf Basalt oder steinigen Kalkböden, die Sauerkirschen, Weichseln, oder Zwetschgen u. dgl. m. am besten gedeihen.

Für den Rezat=, Ober=, Unter=Main= und den Rhein=Kreis, wäre es überflüssig, Tabellen der Art abzufassen. Da der größte Theil des Rezat=Kreises ohne dieß eigentlich Bayerns Obstgarten ist, und die übrigen Kreise Weinländer sind, wo sogar Mandeln und Pfirsiche als hochstämmige Bäume in den Weinbergen und im Freyen fortkommen, so gedeihen in diesen vier Kreisen, auch alle hier aufgestellten Obstsorten gewiß, und man wähle nur nöthigen Falls nach Wunsch darunter aus.

Damit ist aber keineswegs gesagt, daß man sich bloß an diese Tabellen halten müsse, sondern es bleibt im Gegentheile zu wünschen, daß recht viele Liebhaber der Obstbaumzucht, sich der fernern Aufgabe, Versuche mit andern edlern Sorten zu machen, unterziehen möchten. Diese Tabellen sollen daher mehr dem in der Obstkenntniß gänzlich unwissenden Landmanne als Uebersicht derjenigen Obstarten dienen, welche sich für seine zu bepflanzende Grundstücke rücksichtlich ihrer Oertlichkeit, am besten eignen.

Da die Johannisbeer=, Stachelbeer=, Himbeer= und Haselnußstauden ꝛc., fast in jedem Gärtchen gepflanzt vorkommen, so wäre es zweckwidrig, von deren Kultur hier zusprechen, und man schließt mit dem Wunsche, daß dieser Unterricht dem schönen und hochwichtigen Zweige der Landwirthschaft, dem Obstbau, viele Freunde gewinnen, und seine Lehren recht heilsame Früchte bringen mögen.

Erklärung der Tafeln.

Tafel I. zeigt in Fig. 1 ein ohne Sattel zugeschnittenes Pfropfreis, und in Fig. 2 mit Sattel versehene Reiser von der vordern und Seiten=Ansicht. Fig. 3. stellt ein Stämmchen mit in den ganzen Spalt eingesetzten Edelreisern dar, und Fig. 4. ein halbgespaltenes, worin der darüber befindliche Zweig gesteckt wird.

Auf der Tafel II. sieht man die dritte Pfropfart zwischen die Rinde dargestellt, und zwar zeigen Fig. 1. den Schnitt der Edelreiser von vorne und von der Seite, und letzteres gerade so, wie das Reis in die Oeffnung des Wildlinges, Fig. 2, bey a. gesteckt werden muß.

Auf derselben Tafel ist auch das Verfahren des Okulirens sichtbar. Fig. 3. ist ein zugeschnittenes Auge von vorne gesehen, (die punktirten Linien deuten den Stiel des abgeschnittenen Blattes an). Fig. 4 zeigt dasselbe von der Rückseite mit dem Knotenansatze bey a., und Fig. 5. ist ein unbrauchbares Auge, weil der Knotenansatz bey b. fehlt. Auf Fig. 6 sind durch c. und d. die Schnitte angezeigt, welche auf dem Wildlinge zu machen sind. Die beyden Theile, welche sich durch diese Schnitte ergeben, werden mit dem an dem Okulirmesser befindlichen Beinchen der Länge nach aufgelöset, und das Edelauge so eingesetzt, wie es bey e. zu sehen ist. Bey f. sieht man den Verband des Edelauges.

Tafel III. stellt die beyden Kopulirarten dar, und zwar in Fig. 1. die durch einen länglichen Rehfußschnitt vollführte, und in Fig. 3. jene mit dem Klebreise. Fig. 2.

zeigt den Schnitt des Edelreises und des Wildlinges, der beym Kopuliren dieser Art anzuwenden ist.

Auf Tafel IV. ist das Ablactiren dargestellt, und zwar in Fig. 1. das Verfahren nach Art des Pfropfens in den Spalt, und in Fig. 2. in verjüngtem Bilde das naturgemäße Ablactiren, nach dem Verfahren des Kopulirens. Bey a. schneidet man die Edelreiser, und bey b. den Wildling ab, wenn beyde Theile gut verwachsen sind.

In der Jof. Lindauer'schen Buchhandlung in München sind erschienen und durch alle Buchhandlungen zu beziehen:

Gütle's, Joh. Christian, neue wissenschaftliche Erfahrungen, Entdeckungen und Verbesserungen, oder zeitgemäße Auswahl und Beyträge für Kunst und Wissenschaft, für Handel, Luxus und Gewerbe, bestehend in praktischen Angaben und Vorschriften für Fabrikanten, Technologen und Oekonomen, dann für Künstler und Handwerker. Auch zum Nutzen der wichtigsten Bedürfnisse in der städtischen und ländlichen Haushaltung. Ein Hülfsbuch für alle Stände. Mit Kupfern. Oder: Chemisch = technologische Arbeiten und Erfahrungen, enthaltend richtige Angaben und Vorschriften zu chemisch=technischen Präparaten, der Fertigung vieler Kunst= und Luxus=Artikel, Handelsgegenstände und vieler anderer im Gebiete der praktischen Fabriken=, Haushaltungs = und Gewerbskunde überhaupt. Ein Handbuch für Fabrikanten, Künstler, Hausväter und Gewerbsleute aller Art. 3r Theil. 8. 1 Rthl. oder 1 fl. 48 kr. Wer alle 3 Bände auf einmal nimmt, erhält selbe für 2 Thlr. oder 3 fl. 36 kr.; jeder Band einzeln 1 Thlr. oder 1 fl. 48 kr.

Indem der Verf. diesen Band neuer wissenschaftlicher Erfahrungen seinen frühern gemeinnützigen Schriften anreiht, gibt er einen Beweis seines rühmlichen Strebens, immer Nützliches mitzutheilen und Verbesserungen zu verbreiten. Außer einer großen Anzahl praktischen Nutzen bezweckender Vorschriften, findet man in diesem Bande auch viel Neues und Schönes in den mannigfaltigen, angenehmen und unterhaltenden Versuchen, die zur Optik, Katoptrik und Dioptrik gehören. Inhalt: Erste Abtheilung. Chemisch=technologische, pharmazeutische und ökonomisch=wissenschaftliche Erfahrungen, Vorschriften und Künste. §. 1 bis 280; Zubereitung des salpetersauren Silbers, Silbersalpeter, Silber= Auflösung; Anzeige, wenn das Silber mit Kupfer vermischt ist; wie das Silber vom Kupfer in metallischer Gestalt zu scheiden; Reinigung der Salpetersäure vom Eisenvitriol und Salz; geschmolzenes salpetersaures Silber, Höllenstein, Silberätzstein; den Höllenstein wohlfeiler zu bereiten; Bereitung des Höllensteins; Ursache der Wirkung des Höllensteins in der Wundarzneykunst; an Pferden und Hunden schwarze Flecken zu machen, oder sie zu zeichnen; Elfenbein, Bein, Horn, Holz damit nach Gefallen schwarz zu beitzen; Marmorstein damit schwarz zu beitzen; noch eine Art und Weise, auf Marmor mit verschiedenen Farben zu beitzen und die größten Marmorblöcke durchzuätzen; schwarze Marmorbeitze; purpur= und rothe Beitze; grüne, gelbe und Aurorafarbe; unauslöschlich rothe Marmorbeitze; dergleichen schwarze Beitze auf den -

Achat, entweder ganze Flächen oder nur Züge; wie die den Achaten eigenen Zeichnungen nachgeahmt werden können; unvertilgbare rothe Farbe
auf Marmor; neue Zubereitungsmethode der Reißkohle und Kreide;
eine andere Art, um reines Silber darzustellen; unverlöschliche Tinte
zum Zeichnen der Wäsche, vermittelst der Auflösung des Höllensteins;
auf Indiennen, dauerhafte schwarze Zeichnungen mit salpetersaurem Silber zu drucken; eine andere Art unauslöschbare Dinte; bestimmtere
Anweisungen zur Verfertigung dieser Tinte zum Zeichnen der Wäsche,
1te—6te Vorschrift; verschiedene Verfertigung des Dianenbaums, mittelst Verbindung mit salpetersaurem Silber; einige veränderte Vegeta-
tionen mit salpetersaurer Silberauflösung; Vegetation des Silbers ohne
Quecksilber; Vegetation des Silbers mit Quecksilber ohne Flüßigkeit;
Vegetation des Silbers mit Schwefel auf trockenem Wege; verschiedene
Bereitungen des Knallsilbers; Ursachen des Mißlingens; die knallenden
Zidibus und deren Zubereitung: Bereitung des Knallgoldes, Platzgold,
ammoniakalisches Goldoxyd, Goldoxyd mit Stickstoff und Wasserstoff
verbunden; die gewöhnliche Bereitung des Goldscheidewassers, Königs-
Wasser; Auflösung des Goldes in Königswasser; 1r—9r Versuch, Knall-
Gold zu bereiten; wie das Gold zu reinigen; fernere Wirkung des
Knallgoldes; etwas über die Ursache der platzenden Eigenschaft des Gold-
Kalks; Zubereitung des oben zur Goldreinigung angegebenen Eisenvi-
triols; Bereitung des Knallquecksilbers; Bereitung des Knallbleies;
Verpuffung des Kupfersalpeters mit Zinn durch die Vermischung zweier
Flüßigkeiten einen Knall hervorzubringen; Explosion des mit dephlogisti-
sirter Salzsäure gesättigten vegetabilischen Laugensalzes; Verfertigung
und Gebrauch des Knallpulvers, Platzpulver: Balduins Phosphor aus
salpetersaurer Kalkerde bereitet; Hombergs Phosphor aus Salmiak und
Kalk; Verfertigung und Gebrauch der phosphorischen Feuerzeuge, womit
man augenblicklich Licht machen kann, ohne Schlagen und Reiben; Prä-
parirung des Phosphors zu chemischen Feuerzeugen; neue Zündkerzchen;
Versuche über die Zubereitung des Asbestes zu chemischen Feuerzeugen;
Anleitung zur Verfertigung der neuen chemischen Feuerzeuge; Anwendung des Bertholet'schen Schießpulvers; andere öffentliche Anzeige der
Verfertigung der durch Schwefelsäure entzündbaren Schwefelhölzchen;
neuere Einrichtung der Phosphorfeuerzeuge; Bereitung des vollkommen
salzsauren Kali, nebst Anleitung, die beliebten französischen Zündma-
schinen daraus zu verfertigen; Bereitung des Salzes; etwas veränderte
Angabe des Herrn Juch, das oxydirte salzsaure Kali zu bereiten;
noch eine Vorschrift nach meiner Einrichtung; ein tragbarer Kapellofen
von starkem Eisenblech; feststehender Kapellofen von Backsteinen; noch
eine Angabe des Hrn. Pr. Juch zur Verfertigung des oxydirten salz-

sauren Kali; Bereitung der entzündbaren Schwefelhölzchen; Beschreibung des Woulfschen Apparats; Beschreibung eines sehr bequemen Lampen- ofens, den man bei chemischen Arbeiten im Kleinen besonders vortheilhaft brauchen kann; Lampenofen, welcher mit Oel geheizt wird; Beschrei- bung noch anderer chemischen Oefen und Distillirgeräthe sammt den nö- thigsten Vorkenntnissen zur chemischen Bearbeitung der Körper, Gebläse Schmelz=Oefen; bewegliche Oefen; ein beweglicher Ofen für offenes Feuer; ein beweglicher Windofen; ein beweglicher Reverberirofen; ein bewegli- cher Treibofen; das Rauchen einer Lampe zu verhindern; Mittel, die Fäulniß des Wassers zu verhindern; Ersetzung des Papin'schen To- pfes; ostindischer Stahl; Wodanium, ein neues Metall; überoxidirte salzsaure Thonerde zum Bleichen; wichtige Aenderung der Salzsäure; Bemerkung über den Holzessig; wie dem durch Holzessig geräucherten Fleisch der unangenehme Geruch zu benehmen; nützliche Anwendung der Holzsäure; deren Anwendung zu auszustopfenden Vögeln, Aufbewahrung von Amphibien u. dgl.; die Krystallisation des Metalls unter dem Na- men Metallmohr; kurze Anzeige der Verfahrungsart; angestellte Ver- suche des Herrn Dr. Buchner über den Metallmohr; von Färbung des Mohrs; Verfertigung des Moire metallique, Metallmohr, Perlmut- termetall, und dessen Anwendung auf Zinn und weißes Blech; Verfer- tigung beliebiger Figuren und Muster in Metallmohr; Beytrag zu der von Fr. Schwarze angegebenen Bereitung des gemöhrten Zinns; schö- nes Perlmutterblech oder Metallmohr nach veränderter englischer Art; Oelfirniß zur Ueberziehung der metallmohrnen Gefäße, der hell und durchsichtig ist; noch eine Vorschrift eines dergl. Lackfirnisses; leicht trock- nender Weingeistfirniß auf dergl. Arbeiten; Versuche des Hrn. Prof. Sementini in Neapel über die Kunststücke des unverbrennlichen Spaniers; Versuche des Hrn. Pully in Neapel, wodurch man mit aller Sicherheit glühendes Eisen mit bloßen Händen anfassen, darauf gehen, und geschmol- zenes Blei umrühren kann. — Zweite Abtheilung: Optische und katoptrische Erfahrungen, Erfindungen, Versuche und Künste. Zur nähern Erläuterung neuer Gegenstände derselben §. 1 bis 48. Das Kaleidoskop; Eigenschaften eines Winkelspiegels: noch ein Nachtrag über die vielen Veränderungen, Berechnungen, und Erfindungen des Kaleidoskop und das angebliche Alter desselben; noch andere Unterhaltungen, die mit Planspiegeln zu machen sind; die katoptrischen, zauberischen Winkelspie- gel; die Spiegel zu verfertigen; Zeichnungen zu diesen Spiegeln; ein einfacher Stern von 6 Strahlen; ein vierfacher Stern von 24 Strah- len; sechsfache in einander verschlungene Sterne; eine Sonne; drei Triangel, wovon ein jeder seinen eigenen Zirkel um sich beschrieben hat; ein Wagenrad; Beschreibung eines ganz neuen optischen Zauberspiegels

oder Geistererscheinungsmaschine des Verfassers; Zubereitung durchbro-
chener und durchscheinender illuminirter Prospekte, so in einem Guck-
kasten gebraucht werden. — Dritte Abtheilung: Oekonomisch = technologische Versuche, Erfahrungen und Künste, dann bewährte Vorschriften zu Mitteln gegen allerlei Krankheiten und Uebel ꝛc. §. 1 bis 58.
Ueber Reinigung fetter Oele; die Wandflechte; neue Art, die Wandflechte einzusammeln, und daraus auf eine sehr leichte Art ein hell-
grünes reines Pulver darzustellen; über den Gebrauch der Moos = Cho-
colade; Gesundheitskunde; vom Faul = Nerven = und Scharlachfieber;
Mittel gegen den Gesichtsschmerz; um einen unterdrückten Fußschweiß
wieder hervorzulocken; Mittel gegen Kniegeschwulst; Brandsalbe; Mittel gegen das kalte Fieber; ein Mittel gegen Verstopfung; ein magen-
stärkender Branntwein und Thee; Thee von rohen, ungebrannten Kaffee-
Bohnen; veränderte Zubereitungsart; Geheimmittel, „der Gesundheit-
bitter;" unschuldiges und sicheres Hausmittel gegen die Wassersucht;
Mittel gegen schwitzende Füße; gegen die Auszehrung; merkwürdige
Heilung des Lebensüberdrusses durch Homöopathie; neues, sehr wirksa-
mes und wohlfeiles Heilmittel der Epilepsie; die rothe Vogelbeere, Eb-
bischbeere, ein Heilmittel der Wassersucht; erprobtes Mittel gegen die
Wassersucht; ein einfaches Mittel gegen die Wassersucht; Vinaigre des
quatre voleurs; sicheres Mittel gegen Warzen; Mittel gegen schädliche Insekten; Mittel, die Feldmäuse zu vertilgen; zwei unfehlbare Mittel, die Wanzen zu tödten und auf immer zu vertreiben; Mittel wi-
der die Maden und Milben im Käse, welches denselben zugleich schmackhaft macht; Heilung des Bienenstichs; Kitt für Porzellan, Steinzeug,
Glas, Marmor, Metall u. dgl.; beschmutzte Porträts und Male-
reien zu putzen; Stiefel wasserdicht zu machen; noch eine Anweisung,
Leder wasserdicht zu machen; das Brauen des Porterbiers, leicht aus-
führbares Mittel, den süßen Traubenmost lange süß zu erhalten; halt-
bare Hefenkuchen; wie die Farben zu verfertigen, womit man Zimmer,
Mobel und Tischlerarbeiten malen, anstreichen, firnissen und verschönern
kann, nebst der Weise, dieselben zu gebrauchen; die Art, goldene und
silberne Figuren auf unterschiedliches kleines Hausgerathe, als Gläser
und Fenster, Kaffeebreter, spanische Wände, Tafelwerk und anderes zu
bringen; Zubereitung des absoluten Alkohols, zur Bereitung des Lackfirnisses; französischer Firniß für feines Holzwerk; Bereitung des französischen und englischen Wachstaffents; die einfache und leichte Verfertigung des Firnisses dazu; das elastische Gummi und dessen Auflösung;
biegsamer Lack; Katheder aus der Rosina elastica; die Auflösung des
elastischen Harzes; Mittel, das elastische Harz zu verschiedenem mecha-
nischen Gebrauch vollkommen aufzulösen; neues Auflösungsmittel des
Federharzes; unzerstörbare Tinte; Bemerkung über das Durchgehen des
Zinns bei der Bereitung des salzsauren Zinks, oder der Scharlach-
Composition.

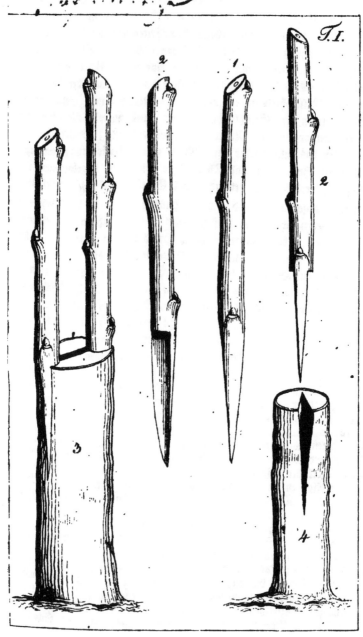

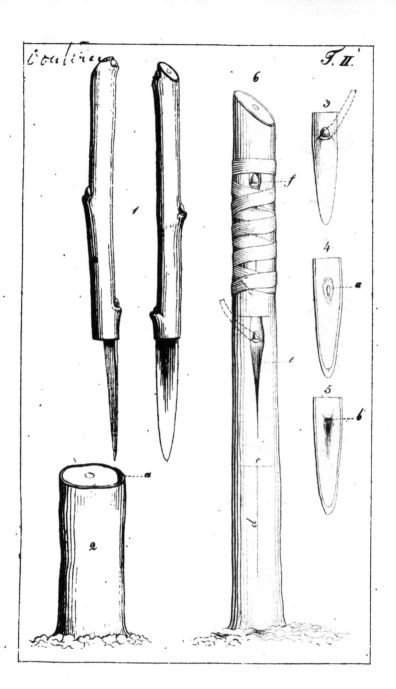

bſtraßen ꝛc. paſſen.

Stein = Obſt = Arten.

n.	Pflaumen.
	Johannispflaume.
	Kleine Damaszener.
ıhe ſchwarze	Auguſt Zwetſchge.
	Gemeine = =
Kronburg.	Große ungariſche Pflaume.
ꞓ September=	Kirſchpflaume.
Waldkirſche.	
re.	
ıskirſche.	
chſel.	
ıarelle.	

che und einige Abrikoſenſorten erreichen in den Käl=
ꞓflanzt werden, weil die Erfahrung ſchon zu häufig

elle derjenigen Obstsorten, welche im

epflanzt werden können.

	Stein = Obst = Arten.	
t.	Pflaumen.	
he Kirsche.	Reizensteiner gelbe Zwetschge.	
je Knorpel=	Vacanz oder Michaelis Pflaume.	
te Knorpel=	Katalonische Pflaume.	
l.		
irsche.		
Samen.		

zc. angewandt werden können.

Stein=Obst=Arten.

.irschen.	Pflaumen.
. süße.	Damaszener von Maugeron.
	Späte Damaszener.
z Kirsche.	Rothe Damaszener.
e Herzkirsche.	Grüne Eyerpflaume.
	Gelbe =
	Große engl. Zwetschge.
Maiherzkirsche.	
. saure.	
:Kirsche.	
:irsche.	
weichsel.	
:l. Amarelle.	

llwegen 2c. paſſen.

Stein = Obſt = Sorten.

n.	Pflaumen
September=	Auguſt = Zwetſchge.
	Gemeine = =
ﬅte weiße	Johannispflaume.
ʒ.	
Baldkirſche.	
ofel.	

CPSIA information can be obtained
at www.ICGtesting.com
Printed in the USA
BVHW041124150119
537879BV00009B/261/P